CHAM – PORTRAIT EINER STADT

KONZEPT / BILDER / TEXT: ERICH PIENDL

GESTALTUNG / LAYOUT: REGENTAL MEDIEN GMBH / CHAM

DRUCK: INPRINT GMBH / ERLANGEN

ISBN-10: 3-00-019696-X
ISBN-13: 978-3-00-019696-6

INHALTSVERZEICHNIS

Der Marktplatz

Der Ursprung der Stadt Cham lag nördlich der Urkirche des Bayerischen Waldes, Chammünster, auf einer Hochebene, die jäh ins Regental abbrach, auf dem heutigen Galgenberg. Dort befand sich die Reichsburg Cham.

Diese Reichsburg Cham wurde erstmals in einer Urkunde, die das Kloster Chammünster betraf und der Zeit um 739 zugeschrieben wird, mit erwähnt. In der Urkunde ist die Rede von der „cella apud Chambe super flumen quod Regen digitur."

Ins Deutsche übersetzt heißt dies: das Kloster bei Cham, jenseits des Flusses, den man Regen nennt. Erstmals eigenständig wird die Reichsburg Cham in einer Urkunde des Jahres 936 genannt. In einer weiteren Urkunde des Jahres 976 wird uns berichtet, dass Kaiser Otto II. nach einer verlorenen Schlacht bei Pilsen auf die Reichsburg Cham, in die „civitas Camma", in die Stadt Cham, sich zurückzog.

Mit diesen Urkunden wird bewiesen, dass unsere Stadt auf eine mehr als 1250-jährige Geschichte zurückblicken kann und bereits seit dem Jahr 976 als Stadt bezeichnet wird.

Ihren Namen bekam unsere Stadt von dem Chamb, dem Nebenfluß, der im heutigen Stadtteil Altenstadt in den Regen mündet. Der Flussname „Chamb" kommt aus dem Keltischen und bedeutet „krumm, gewunden" und soll den mäanderartigen Flusslauf zum Ausdruck bringen. Bei den Kelten war es üblich, Ansiedlungen nach dem kleineren Fluss zu benennen.

Die Bedeutung der Reichsburg wird erkennbar, weil unter Herzog Heinrich II., zwischen 985-995 und Kaiser Heinrich II. zwischen 1002-1009 Münzen, Chamer Silberdenare, geprägt wurden. Die Chamer Denare trugen auf der einen Seite die Aufschrift „civitas Champa" (Stadt Cham) und auf der anderen Seite die Umschrift „Henricus Rex" (Kaiser Heinrich).

Da um die Reichsburg das Gelände steil abfiel, wäre es unmöglich gewesen, einen Stadtplatz anzulegen. Daher wurde um das Jahr 1135 die Stadt von der Reichsburg bei Altenstadt an den jetzigen Ort verlegt. In einer Urkunde des Markgrafen Diepold III. ist die Rede von „Altenmarchit inseta Chambe" (Altenmarkt neben Cham). Offensichtlich war um diese Zeit die Stadt bereits verlegt.

Der Marktplatz mit dem Maibaum und mit Schattensilhouetten der Bürgerhäuser

Gründe für die Verlagerung der Stadt waren:

- wirtschaftlicher Art, um Raum für den Handel zu schaffen
- strategischer Art, da an dieser Stelle die Stadt durch die schützende Regenschleife an drei Seiten vom Regenfluß umgeben war
- ökonomischer Art, trafen sich doch im Süden der neuen Ortslage, ähnlich wie die heutigen Bundesstraßen, die Handelsstraßen von Regensburg, Straubing oder Nürnberg über Cham hinein ins Böhmische.

Der großzügig angelegte, langgestreckte Platz, der nach Osten hin abfällt, ist typisch für den gotischen Stadttypus der bayerischen Herzöge und mit anderen Rechteckplätzen und Straßenmärkten in Landshut, Straubing, Landau, Deggendorf oder Furth im Wald vergleichbar.

Bemerkenswert ist, dass es keine Hauptstraßen gibt, die von den ehemaligen vier Stadttoren zum Hauptplatz der Altstadt führen. Es scheint, als ob die Straßen rechteckig um den Marktplatz angeordnet wurden.

Der Marktplatz mit der Stadtpfarrkirche St. Jakob

Den Namen hat der Platz von den fünf großen Standmärkten, die jährlich stattfinden, wobei die ältesten bis ins Mittelalter zurückreichen, so der Georgimarkt ins Jahr 1321 und der Jakobimarkt bis ins Jahr 1375.

Eine Urkunde aus dem Jahr 1210 spricht erstmals vom „novum forum", vom neuen Marktplatz, nach der Verlagerung der Stadt.

Der Marktplatz ist der größte Platz der Chamer Altstadt. Seit dem Jahr 1995 ist der Chamer Marktplatz Fußgängerzone.

Der Marktplatzbrunnen

Cham nennt sich „Tor zum Bayerischen Wald“, sind doch die Berge des Bayerischen Waldes keine 15 Kilometer Luftlinie von der Stadt am Regenbogen entfernt.

Mit dem Marktplatzbrunnen, geschaffen von dem Eggenfeldener Bildhauer Joseph Michael Neustifter, soll die Beziehung der Stadt Cham zum Bayerischen Wald hervorgehoben werden.
Der Brunnen ruht auf einer Linse. Diese Erhebung symbolisiert die hügelige Landschaft um die Kreisstadt Cham. Drei Brunnenfiguren sind auf Baumstämmen angeordnet. Die Baumstämme deuten die Verbindung Chams mit dem Bayerischen Wald an.

Die Brunnenfigur mit dem Zweispitz und dem Degen soll den gebürtigen Chamer **Nikolaus Luckner** (1722-1794) darstellen. Bereits mit 15 Jahren hat er seine Heimatstadt verlassen. Er begab sich in verschiedene militärische Dienste und brachte es in der französischen Armee, Dank seiner Errungenschaften, bis zum Marschall von Frankreich. Für seine militärischen Erfolge wurde ihm zu Ehren ein Kriegslied komponiert. Aus dem Kriegslied wurde Jahre später die Marseillaise, die heutige französische Nationalhymne.

Pünktlich um 12 Uhr läuten die Glocken der Stadtpfarrkirche St. Jakob zum Angelusgebet. Um fünf Minuten nach 12 Uhr wird die Marseillaise vom Dachreiter des Rathauses, in dem ein Glockenspiel untergebracht ist, abgespielt.

Am Abend, fünf Minuten vor 18 Uhr ertönt eine andere Hymne: das Bayernlied „Gott mit Dir, Du Land der Bayern, ...“

Die nächste Brunnenfigur ist die **Waldhexe** mit ihren Kindern. Durch die Beigabe ihrer Kinder wird bereits zum Ausdruck gebracht, daß es sich um eine

Der Marktplatzbrunnen vom Kirchturm aus gesehen

gute Hexe handelt. Auch die Waldhexe ist eine Sagenfigur aus dem Bayerischen Wald und symbolisiert die Beziehung der Stadt Cham zum Bayerwald.

Unsere Gegend war früher dicht bewaldet. Wenn nachts durch die Wälder der Wind rauschte und die Menschen in ihren Häusern saßen, hatten sie den Eindruck, draußen im Wald war eine Hexenjagd im Gange. Die Waldhexe mit einem Kleid aus Rinde, betrachtet sich im Spiegel, ob sie noch immer so schön ist, wie am Tag zuvor. Oder ob sie Angst vor dem Älterwerden hat?

Die dritte Brunnenfigur zeigt eine weitere Sagenfigur des Bayerwaldes: den **Bilmesschneider**. „Bilmes“ ist ein mittelhochdeutsches Wort für Getreide. Dieser Getreideschneider, so dachten die Bauern, huscht nachts über die Äcker, um das Korn abzuschneiden. Der Bilmesschneider trägt daher an seinen Stiefeln Sicheln.

Der Brunnen mit seinem Wasserspiel ist voller Leben und damit bei den Bürgern der Stadt Cham und ihren Gästen gleichermaßen beliebt. Durch die verwendete Bronzemischung und eine geschickte Beleuchtungstechnik erfährt der Brunnen nachts eine goldene Ausstrahlung.

Ziel des Künstlers war es, dass auch die Chamer Bürger an ihrem Marktplatzbrunnen immer wieder etwas Neues zu entdecken haben, so zum Beispiel:

- einen Fisch, auf dem die Stadt Cham ruhen soll. Wird dieser geweckt, so gibt es ein Unglück.
- das Peace-Zeichen für Frieden zwischen den Menschen
- den Chamer Kampl
- die Inschrift „Die Wälder gehen den Völkern voran. Die Wüsten folgen.“
- Waldtiere, wie die Eule

Der Marktplatzbrunnen mit seinem Wasserspiel

Der Steinmarkt

Nach der Verlagerung der Stadt im 12. Jahrhundert bricht im Jahr 1344 in der nördlichen Stadt, dem Sandtorviertel, ein Stadtbrand aus. Auf Anordnung des damaligen Herzogs erhält die Stadt den Auftrag, die Stadtmauer und Befestigungsanlagen neu zu errichten und die Stadt nach Norden hin zu erweitern.
So entsteht in den Jahren ab 1344 der heutige Steinmarkt, neben dem Marktplatz der zweitgrößte Platz der Chamer Altstadt.

Seinen Namen hat der Steinmarkt von Mühlsteinen, die in der Tauser Gegend gebrochen wurden und von hier aus ins übrige Bayernland und bis nach Österreich in den Handel gelangten.
In seiner Stadtchronik von 1862 schreibt Lukas, dass täglich zwischen 10 und 20 Wagen aus Taus hier ankamen.

Dienen heute die Brunnen der Stadt der Verschönerung und sind zugleich künstlerischer Ausdruck, so waren die Stadtbrunnen einst reine Notwendigkeit: hier wurde das tägliche Wasser geholt und Neuigkeiten ausgetauscht. 1872 wurde die erste öffentliche Wasserleitung in die Stadt gebaut. Diese versorgte die öffentlichen Brunnen am Marktplatz, am Rindermarkt, am Kirchplatz und eben auch am Steinmarkt.

Bis 1886 stand auf dem Steinmarkt der Sebastianbrunnen. Die hölzerne Brunnenfigur steht heute in der Vorhalle zum kleinen Sitzungssaal im Rathaus.

Der Steinmarkt

Das ehemalige Wirtshaus „Weiße Gans“

Sie kennen den Unterschied zwischen Gasthaus und Wirtshaus? In einem Gasthaus konnte man speisen, wurde voll verpflegt und konnte sogar dort nächtigen. In ein Wirtshaus ging man, um Bier zu trinken und gegebenenfalls nur eine Kleinigkeit zu essen. Das ehemalige Wirtshaus „Weiße Gans“ ist das älteste Chamer Wirtshaus und entstand nach dem Stadtbrand 1344. Das Gebäude ist sogar auf dem Merianstich des Jahres 1644 erkennbar.
Das heutige mittelalterliche Gebäude ist spätgotisch, entstammt dem 16. Jahrhundert und weist im Inneren schwere, barocke Decken auf.
Von 1875 bis 1999 beherbergte das Gebäude das ehemalige Wirtshaus „Zur Weißen Gans“. Auch nach einer Namensänderung wird das Gebäude weiterhin gastronomisch genutzt.

Blick vom Steinmarkt Richtung Alrunastraße

Das ehemalige Gasthaus „Weiße Gans“ am Steinmarkt

Der Turm des ehemaligen Zeughauses

1445 wurde an die innere Stadtmauer angrenzend, am Spitalplatz, das „Gemeine Salz- und Getreidehaus“ erbaut. 1732 wurde daraus das Zeughaus der Stadt, das Waffenlager.

Später wurde das Gebäude als Fasslager für eine Brauerei und als Lagerhaus genutzt.
Vom Zeughaus steht noch der runde Treppenturm aus dem 16. Jahrhundert.

Der Turm des ehemaligen Zeughauses

Der Kirchplatz St. Jakob

Im Rahmen der Erweiterung der Stadtpfarrkirche St. Jakob in den Jahren ab 1894 wurde der Getreidespeicher am Pfarrhof, das Mesnerhaus und ein weiteres Wohnhaus mit einem angebauten Stall abgerissen. So entstand ein neuer Platz in der Altstadt: der Kirchplatz St. Jakob.

Auch der Kirchplatz hat eine lange Brunnentradition, so stand hier bis 1894 der Xaveriusbrunnen, danach ein Springbrunnen mit einem schmiedeeisernen Zaun und 1991 wurde der Altstadtbrunnen aufgestellt.

Der Altstadtbrunnen am Kirchplatz St. Jakob

Engelchen und Teufelchen

Durch die Verkehrsberuhigung des Kirchplatzes St. Jakob wurde die angrenzende Straße Richtung Marktplatz mit Steinpollern vom eigentlichen Platz abgegrenzt. Zwischen den Steinpollern befand sich zur Absperrung, eine Kette. Das Ende der Kette wurde von zwei Figuren, Engelchen und Teufelchen, gehalten. Auch im Leben streiten oft die Mächte des Himmels und der Unterwelt um die Seele eines Menschen. Dieser Kampf zwischen Gut und Böse soll mit den Figuren Engelchen und Teufelchen, an den Enden der Kette, um die Seele eines Menschen kämpfend, zum Ausdruck kommen. Die Kette wurde zwar abgenommen, die beiden Schlussfiguren existieren aber noch immer.

Teufelchen

Engelchen

Der Amtsgerichtsgarten

Nach dem Stadtbrand von 1742 waren viele Bürger mutlos geworden. Sie verkauften ihre Brandstätten und verließen für immer die Stadt. Gegenüber dem heutigen Pfarrhof St. Jakob lag das Reichenberg'sche Wohnhaus. Auch die Besitzer dieses Areals zogen von Cham weg. Der damalige Pfarrer von Cham, Freiherr von Wolframsdorf, kaufte die Brandstätte, um daraus den Pfarrgarten entstehen zu lassen.

Nach dem Bau des Amtsgerichtsgebäudes im Jahr 1985 wurde der ehemalige Pfarrgarten durch Wegnahme einer Umfassungsmauer der Öffentlichkeit zugänglich gemacht.
Es entstand der Amtsgerichtsgarten, angelegt im französischen Stil, mit Wegen, die sich kreuzen, einer Pergola und in der Mitte mit einem Brunnen, auf dem der Bibelspruch zu lesen ist: „Gerechtigkeit sei wie ein nie versiegender Bach".

Der Amtsgerichtsgarten

Die Blaue Brücke und das Radwegenetz

Wie inmitten eines Spinnennetzes liegt die Kreisstadt Cham, was das Wegenetz der Fahrradwege im Landkreis Cham betrifft. An sonnigen Sommer- und Herbsttagen sieht man die Chamer hinausradeln, zum Chambtalradweg nach Furth im Wald, zum Regentalradweg nach Miltach, in die Regentalaue Richtung Michelsdorf und Roding oder nach Norden zum Schwarzachtalweg.

Zur Anbindung der Radwege an die Innenstadt wurde die sogenannte Blaue Brücke über den Regenfluss erbaut.

Die Blaue Brücke verbindet das Radwegenetz mit der Altstadt.

Szenen aus dem 1959 in Cham gedrehten Film „Die Brücke“ unter der Regie von Bernhard Wicki

Die Florian-Geyer-Brücke

An der Neumühle gliedert sich der Regenfluß in zwei Flussarme auf, die sich nach der Stadt im Westen wieder vereinen. So ergibt sich mitten in der Stadt eine Insel, die sogenannte Bleiche.
Über den rechten Regenarm führt die Brücke beim Biertor, der linke Regenarm zu den Wiesen der Regentalaue war nur über eine Furt im Regenfluss zu überqueren.

1920 wurde über diesen linken Regenarm eine Holzbrücke errichtet, ehe sich 1924 unter dem Vorsitz des Chamer Landtagsabgeordneten Hans Eder ein Brückenbauverein gründete. 1925 entstand die Florian-Geyer-Brücke, eine Stahlbeton-Trogbrücke. Nun konnten die Bauern aus der Stadt mit ihren Fuhrwerken auch über den zweiten Regenarm zu ihren Feldern und Wiesen gelangen.
Die Bauern, alle Mitglieder des Brückenbauvereins, wählten für das Brückenbauwerk den Namen eines Ritters, der sich im Bauernaufstand von 1525 in Franken als Anführer hervortat: Florian Geyer. Hintergrund war die aufmüpfige und kritische Haltung der Bauern zu der von der Bayerischen Volkspartei gestützten Staatsobrigkeit.

Die Florian-Geyer-Brücke

Die Florian- Geyer-Brücke spielte zudem die Hauptrolle in Bernhard Wickis Antikiegsfilm „Die Brücke“. Der weltbekannte Kinofilm wurde von Mai bis Juli 1959 in Cham gedreht und am 22. Oktober 1959 in München uraufgeführt.

Als der Film im Jahre 1959 entstand, wurde Cham als Drehort gewählt, da unsere Stadt mit dem Rücken zur abgeriegelten Grenze zur damaligen Tschechoslowakei, dem sogenannten Eisernen Vorhang, lag. Durch diese wirtschaftlich nicht gerade rosige Lage hatte die Stadt 1959 noch den typischen Nachkriegscharakter. Zudem lag die Florian-Geyer-Brücke am Rande einer Stadt, für Filmaufnahmen ideal, es musste während der Dreharbeiten auf keinen Autoverkehr Rücksicht genommen werden. Die massive Bauart der Brücke erwies sich als Vorteil, ebenso die Silhouette der Stadt im Hintergrund. Zudem erinnerte ein Brand auf der Neumühle an einen Luftangriff. Die anschließenden Wiesen der Regentalaue boten Raum zum Aufbau der Kulissenbauten.

Der Film wurde gedreht nach dem autobiographischen Roman von Manfred Gregor, der darin seine Kriegserlebnisse schilderte. In den letzten Kriegstagen werden sieben Jugendliche zur Wehrmacht eingezogen, um noch schnell die Ausbildung im Militärdienst zu absolvieren. Die Jugendlichen müssen eine strategisch völlig unbedeutende Brücke verteidigen. Ein einziger Jugendlicher überlebt dabei die Kriegsgefechte. Damit soll die Sinnlosigkeit des Krieges zum Ausdruck gebracht werden.

Die Chamer waren begeistert von den Dreharbeiten und spielten auch gerne als Komparsen im Film mit. Mit dem Filmteam kam neuer Schwung in die Mauern der damaligen Stadt. Man traf sich mit den Leuten vom Film abends diskutierend und die halbe Nacht zechend, in den Wirtshäusern. Das heutige Joseph-von-Fraunhofer-Gymnasium war im damaligen Film Kaserne, auch hier beteiligten sich die Schüler als Komparsen.
Mit diesem späteren weltbekannten Kinofilm begannen Personen wie Volker Lechtenbrink, Fritz Wepper und Günter Pfitzmann ihre Filmkarriere.

Die Florian-Geyer-Brücke aus dem Jahre 1925 wurde 1994 abgebrochen. Zur besseren Erschließung der Insel Bleiche wurde 1995 das heutige Brückenbauwerk erstellt. Auf der Brücke befindet sich eine Skulptur von Lothar Fischer, einem Mitglied der Künstlergruppe SPUR, und gibt einen Hinweis auf das nebenstehende Museum. Die Plastik mit dem Namen „Geharnischter Sitzende“ stellt ein Boot mit einem Bootsführer dar, der auf die Stadt zufährt.

Zum 40-jährigen Filmjubiläum wurde 1999 eine Filmrolle in der südlichen Aussichtskanzel der Brücke mit Szenen aus dem Film angefertigt.

Der Stern-Annamirl-Brunnen

Sie war ein Chamer Original und lebte in den 30er Jahren des 20. Jahrhunderts: die Stern-Annamirl. Dabei stammte die 75-jährige aus Katzberg und man kannte sie sowohl im Sommer als auch im Winter immer mit einer Vielzahl an schwarzen Röcken, Tüchern und Jacken, die sie in mehreren Schichten übereinander trug, bekleidet. Das Gesicht war zum Teil mit Tüchern und Schals verhüllt.

Der Stern von Bethlehem, von dem sie im Volksmund ihren Namen hatte, begleitete sie Tag und Nacht und zeigte ihr – zumindest in ihrer Vorstellung – den Weg. Dieses Gestirn half ihr über den Tag hinweg und veranlasste die Annamirl sogar zu Prophezeiungen.

In dem Schwibbogen, der Rathaus und Kirche miteinander verbindet, wurde zur Erinnerung der Stern-Annamirl-Brunnen eingemauert.

Der von dem Weidener Bildhauer Günther Mauermann gefertigte Brunnen zeigt die Stern-Annamirl mit ihrer Tasche, aus der zwei Gänsehälse ragen. Der obere Teil des Brunnens dient zur Wasserentnahme für die Menschen, der untere Teil ist als Tränkebecken für die Tiere ausgearbeitet.

Der Stern-Annamirl-Brunnen im Schwibbogen zwischen Rathaus und Stadtpfarrkirche

Der Obelisk Ludwigstraße zum Gedenken des deutsch-französischen Krieges

Der Obelisk wurde 1876 zum Gedenken an den deutsch-französischen Krieg 1870/71 aufgestellt. Auf einer gusseisernen Platte sind die Namen der Chamer festgehalten, die in diesem Krieg ihr Leben lassen mussten. Im Jahr 1960 stand das Denkmal dem Straßenverkehr im Wege und wurde abgebaut. 1970 wurde es an derselben Stelle neu errichtet.

Der Obelisk an der Einmündung Schleinkoferstraße in die Ludwigstraße

Der Georgsbrunnen

Bis 1952 stand er am Marktplatz: der Georgsbrunnen.
Die Brunnenanlage, entworfen und angefertigt von dem Chamer Bildhauer Ludwig Egen, wurde 1931 mit Hilfe von Spenden der Chamer Bevölkerung auf dem Marktplatz errichtet. Auf einer Granitsäule wird der Kampf des Hl. Georg gegen den Drachen dargestellt.
Als der Autoverkehr auf dem Marktplatz immer mehr zunahm, wurde der Brunnen 1955 im Stadtpark an der Ludwigstraße neu aufgestellt.

Im Ersten Weltkrieg mussten 152 Chamer Bürger ihr Leben auf dem Schlachtfeld lassen.
Die Namen der 152 Gefallenen sind im Brunnenrand eingemeißelt worden. Daher sprechen die Chamer statt vom Georgsbrunnen gerne vom Kriegergedächtnisbrunnen.

Der Georgsbrunnen im Stadtpark zwischen der Ludwigstraße und Schleinkoferstraße

Die Brunnenanlage Stadtpark Ludwigstraße, am Eingang Ludwigstraße

Im Rahmen der Gartenschau am Regenbogen, die die Stadt Cham im Jahre 2001 durchführen durfte, entstand am Eingang Ludwigstraße des Stadtparks zwischen der Ludwig- und der Schleinkoferstraße, bei der sogenannten blauen Terrasse, der Name kommt von den blaublütigen Stauden, die dort angepflanzt wurden, eine neue Brunnenanlage: der Brunnen gliedert sich in zwei Wasserbecken. Die Spritztechnik ist so programmiert, dass neben Halbbögen, die das Wasser formt, jeweils springende Wasserspiele hervorgebracht werden, die an springende Fische erinnern sollen.

Der Brunnen des Stadtparks an der Ludwigstraße mit seinen „springenden Fischen"

Der Bahnhofsvorplatz mit dem Musikantenbrunnen

Der Musikantenbrunnen am Bahnhofsvorplatz

Das erste Chamer Bahnhofsgebäude entstand 1860.

Am 7. Januar 1861 wurde die Stadt Cham an das Eisenbahnnetz angeschlossen.
Das heutige Bahnhofsgebäude entstand in den Jahren 1897/98.

Der Bahnhofsvorplatz wurde 1998 als Visitenkarte der Stadt an die ankommenden Besucher neu gestaltet: mit Plantanen, die Schatten spenden, einer großen Infotafel, einem Brunnen sowie Außenmobiliar eines Restaurants.

Kernpunkt des Platzes ist der Musikantenbrunnen, der nachts feinfühlig beleuchtet wird und an die Stadt als Musikstadt mit dem Musikfest „Singendes Klingendes Cham" erinnern soll: drei Musikanten symbolisieren mit ihren Instrumenten die klassische, die moderne und die Volksmusik.

Geschaffen wurde die Brunnenanlage von Joseph Michael Neustifter aus Eggenfelden. Gestiftet wurde der Brunnen vom Lions-Club Cham.

Das Bahnhofsgebäude

Das Denkmal der Opfer des Bombenangriffs vom 18. April 1945

Am 18. April 1945 wurde das Bahnhofsviertel bombardiert.
Zum 40-jährigen Gedenken wurde 1985 ein Denkmal eingeweiht.
Das Denkmal besteht aus drei Fundamentblöcken. So wie Überlebende Mitteilungen an Ruinenwände schrieben, sind die Namen der Opfer an den Gesteinsblöcken angebracht. Über diese Steine ranken Buschrosen, die in der christlichen Ikonographie dem Tod zugehörig sind. Das Mahnmal wird einem gewissen Verfall preisgegeben sein, so wie Kriegsruinen. Die scheinbare Ungeordnetheit soll als Kontrast stehen zu der sich immer erneuernden Umgebung und kein Vergessen durch Gewöhnung zulassen.
Doch das Denkmal ist nicht ohne Hoffnung. Zwischen den Steinen quillt Wasser als Zeichen neuen Lebens. So wie die Buschrosen wachsen und das Denkmal mit neuem Leben erfüllen, werden mit der Zeit alle Wunden heilen.

Denkmal der Opfer des Bombenangriffs vom 18. April 1945

Der Florianbrunnen

Der Florianbrunnen ziert heute den westlichen Teil des Kirchplatzes St. Josef.
Bis 1950 stand die Brunnenanlage als Stadtviertelbrunnen in der Altstadt am Rindermarkt und versorgte in den Jahrzehnten zuvor die Bewohner des Fleischtorviertels mit Wasser.
Die Brunnenfigur trägt die Jahreszahl 1783 und stammt noch aus der Barockzeit. Am Brunnenbecken ist die Jahreszahl 1888 erkennbar.

Der Florianbrunnen im Stadtteil Cham – West

Brunnenfigur des Florianbrunnens

Der Marktplatzbrunnen bei Nacht mit seiner goldenen Ausstrahlung.

Die Rathausbauten

Das Chamer Rathaus setzt sich aus drei Bauten zusammen:
Der Ostbau, direkt am Marktplatz gelegen, ist der älteste Bau. Etwa 200 Jahre später entstand der Westbau mit seinem Treppengiebel. Der letzte Bau am Beginn der Alrunastraße entstand in den Jahren 1986 bis 1988 als reiner Zweckbau.

Der Rathausostbau am Marktplatz

Die erste urkundliche Erwähnung des Ostbaus des Rathauses entstammt dem Jahre 1385. In dieser Urkunde ist von den Brotbänken der Chamer Bäcker im Rathauserdgeschoss die Rede.
Die erste urkundliche Entstehung des ältesten Chamer Rathausbaus lässt sich aus Gründen der Stadthistorie nicht nachweisen:
Die Stadt musste elf Stadtbrände über sich ergehen lassen. Zweimal brannte die Stadt gänzlich ab und drohte aus der Aufzählung der bayerischen Städte zu verschwinden. Beim Trenck´schen Überfall auf die Stadt im österreichischen Erbfolgekrieg 1742 wurde diese drei Tage lang zur Plünderung freigegeben. Dass bei all diesen Ereignissen Urkunden verbrannt oder verschwunden sind, lässt sich leicht vorstellen.
Die Stadtpfarrkirche St. Jakob wurde erstmals urkundlich 1210 am neuem Marktplatz, am „novum forum", erwähnt. Ursprünglich war der Kirchenbau mit zwei Kirchtürmen geplant. Jedoch kam nur der Südturm zur Ausführung. Kirche und Rathaus sind mit einem Schwibbogen miteinander verbunden. Im Schwibbogen zwischen Kirche und Rathaus ist der Nordturm als Kirchturmrumpf mit einer Höhe von zehn Metern verborgen.
Es dürften finanzielle Gründe gewesen sein, dass der Nordturm nicht zur Bauausführung kam. Da dieser schwächer ausgeprägt ist als der Südturm, können auch statische Gründe zur Aufgabe der Bauarbeiten am Nordturm beigetragen haben.
Da die erstmalige Erwähnung der Stadtpfarrkirche aus dem Jahr 1210 stammt, Kirche und Rathaus mit einem Schwibbogen miteinander verbunden sind, dürfte auch der östliche Rathausbau dem 13. Jahrhundert zuzuordnen sein.
Im Schwibbogen zwischen Rathaus und Stadtpfarrkirche findet man kleine Fenster und Türen. Wann das Rathaus auch immer entstanden sein mag, gegliedert war der Rathausbau wie die typischen Rathausbauten des Mittelalters:
An der Nordseite des Rathausostbaus findet man heute noch kleine Verkaufsläden, diese bestanden auch an der Westseite und wie beschieben im Schwibbogen zwischen Rathaus und Kirche: im Erdgeschoß war das Rathaus ein mittelalterliches Kaufhaus, in dem die Bewohner der Stadt ihren täglichen Bedarf decken konnten.

Im ersten Stock des Ostbaus befindet sich dagegen ein einziger Saal, der so groß ist, wie die Ausmaße des Gebäudes: der Langhaussaal. In diesem Saal tagte schon seit jeher der Rat der Stadt, auch fanden dort große gesellige Ereignisse statt und noch heute dürfen wir hier kulturelle Höhepunkte im Stadtgeschehen erleben.

Zu erreichen war der Langhaussaal früher über ein Treppenhaus. Dieses Stiegenhaus ruhte an einer Seite auf zwei Sandsteinsäulen. Beim ersten großen Rathausumbau 1874/75 wurden das Stiegenhaus und der Pranger entfernt.

Im Langhaussaal findet man historische Balken aus der Zeit um 1750. vor. Weiter ist der Raum geprägt von Stahlträgern. An den Stahlträgern ist die gesamte moderne Technik installiert wie Beleuchtung, Beschallung, Segel für die unterschiedlichen akustischen Nutzungen. Ändert sich der Zeitgeschmack, so lassen sich die Stahlträger entfernen, ohne dass man in die historische Bausubstanz eingegriffen hat.

Der Rathausostbau am Marktplatz

Einzelheiten außen am Rathaus-Ostbau

Der Glockenturm

Ursprünglich war hier eine Glocke angebracht, um die Bürger bei Gefahr zu warnen und Bekanntmachungen kund zu tun. Im Jahr 1896 wurde die Glocke auf den Turm der neu entstandenen Kalvarienbergkirche übertragen.
Heute ertönt um fünf Minuten nach 12 Uhr vom Glockenspiel die Marseillaise, die heutige französische Nationalhymne, ein ehemaliges Kriegslied. Um fünf Minuten vor 18 Uhr ist die Bayernhymne zu hören „Gott mit dir du Land der Bayern .....“

Die Uhr mit den närrischen Tierkreiszeichen

Wie das Gemälde des Hl. Jakobus am Chor der Ostseite der Stadtpfarrkirche stammen auch die rund um die Uhr angebrachten närrischen Tierkreiszeichen von dem ab 1947 in Cham lebenden Maler Georg Achtelstetter.

Der Glockenturm des Rathauses

Uhr mit närrischen Tierkreiszeichen

Rathaus-Seccos

Bei der Sanierung des Tonnengewölbes im Erdgeschoss in den Jahren 1994/95 kamen Wandgemälde auf getrockneten Mörtel, sogenannte Seccos zum Vorschein. Die Wandmalereien zeigen Gebäude, Türme und Stadtmauern und tragen die Schrift „Salzburg, das Schloss“ mit der Jahresangabe 1531.

Seccos im Rathauscafe

Erker des Ostbaus

Seit dem Jahr 1936 ziert den Rathausostbau ein Erker mit dem Wappen der Oberpfalz (Schlüssel, Rautenwappen, Löwe) und dem Stadtwappen. Der untere Teil des Stadtwappens mit der Stadtbefestigung stammt aus dem Mittelalter und soll die Wehrhaftigkeit und Verteidigungsbereitschaft der Stadt darstellen. Der obere Wappenteil mit den bayerischen Rauten und den zwei gekreuzten Klingen wurde am 31. Dezember 1809 durch König Max Josef I. der Stadt zum Dank verliehen: die Chamer Bürgerwehr hatte mit Bürgern anderer Ortschaften die Nachhut des österreichischen Heeres über die Grenze nach Böhmen vertrieben.

Sandsteinsäule

Der Langhaussaal war im Mittelalter über ein Treppenhaus zu erreichen. Dieses Stiegenhaus ruhte auf seiner rechten Seite auf zwei Sandsteinsäulen. Ein Teil einer dieser Sandsteinsäulen wurde am Ostbau wieder aufgebaut. Daran ist die Jahreszahl 1556 erkennbar.

Erker am Rathausostbau

Sandsteinsäule vor dem Rathaus

Mittelalterlicher Brunnen am Rathaus

Bei Bauarbeiten für die entstehende Fußgängerzone wurde 1993 am Rathausostbau ein Brunnen entdeckt. Der Brunnen ist zunächst gemauert und dann in Granit gehauen. Der Brunnen weist eine Tiefe von 13 Metern auf und wurde mit einer Granitabdeckung verschlossen. Als Blickfang stellte man einen Hund aus Bronze, geschaffen von dem Bildhauer Michael Neustifter aus Eggenfelden, darauf.

Hund auf mittelalterlichem Brunnen

Der Rathaus-Westbau

Der Rathauswestbau mit seinem Treppengiebel wirkt stattlich, fast beherrschend. In einer Urkunde des Jahres 1448 ist erstmals von einem neuen und einem alten Rathaus die Rede.

Seiner Lage als Handelsstadt nach Böhmen und dem damit verbundenen Wohlstand ist es zu verdanken, dass Cham im Mittelalter auf zwei Rathausbauten verweisen konnte: in der Stadt blühte der Handel und die Chamer mussten des öfteren den Herzögen mit Darlehen aushelfen. Für die Geldleihe haben die Bürger den Landesherren Verwaltungsbefugnisse abgetrotzt. Mit mehr Verwaltungsaufgaben brauchte man weitere Räumlichkeiten. Im Gegensatz zum Ostbau mit seinem Langhaussaal sind im Westbau kleinere Räumlichkeiten wie Schreibstuben oder Beratungsstuben für die Bürger vorzufinden.
Die beiden historischen Rathausbauten sind mit einem Schwibbogen verbunden.
Der Westbau trägt einen Kastenerker, diesmal über Eck gestellt. Weiter sind am Westbau zwei Gedenktafeln zu finden.

Schwibbogen zwischen den Rathausbauten mit dem Nordportal der Kirche im Hintergrund

Der Rathaus-Westbau

Einzelheiten des Rathaus-Westbaus

Gedenkstein an den Bau der äußeren Stadtmauer

Über der Eingangstür des Westbaus befindet sich ein Gedenkstein an das Jahr 1430. Dieser Gedenkstein, ursprünglich am Fleischtor eingemauert, erinnert an die Vollendung der zweiten, der äußeren Stadtmauer im Jahre 1430, innerhalb von 41 Wochen. Mit dieser äußeren Stadtmauer wurde die Vorstadt Letz, die sich außerhalb der inneren Stadtmauer an der Süd- und Westseite entwickelt hatte, in das Verteidigungssystem der Stadt einbezogen. Zudem konnte damit die Spitalanlage besser geschützt werden.
Den Gedenkstein zieren drei Löwen. Sie betonen die Zugehörigkeit zum kurfürstlichen Herrscherhaus und dokumentieren zudem die Wehrhaftigkeit und Verteidigungsbereitschaft der Stadt.

Der jüdische Grabstein aus dem Jahr 1230

Am Eckerker des Westbaus findet sich ein eingemauerter jüdischer Grabstein aus dem Jahr 1230, der nach der Zerstörung des jüdischen Friedhofs St. Peter in Regensburg im Jahre 1519 nach Cham gelangte.
Die Inschrift auf dem Grabstein lautet:
Grabstein der Mirjam, der Tochter des Ephraim, am 28. Mai 1230 verstorben.
Nachträglich eingemeißelt:
Im Jahre 1519 sind die Juden zu Regensburg vertrieben.

Jüdischer Grabstein am Rathauserker

Gedenkstein an den Bau der zweiten Stadtmauer

Der Erker des Rathaus-Westbaus

Bis heute ist nicht geklärt, wie der Grabstein in unsere Stadt gelangte und warum er am Rathaus eingemauert wurde. Tatsache ist, dass an vielen Bürgerhäusern in der Stadt Regensburg jüdische Grabsteine angebracht sind.

Die Chamer Altstadt aus der Luft betrachtet

Das Rathausinnere mit seiner reichhaltigen Geschichte

Rathaussitzungssaal

Der Rathaussitzungssaal trägt ein Deckengemälde aus dem Jahr 1937, das an die Stadterhebung durch Kaiser Ludwig von Bayern im Jahr 1341 erinnern soll. Im Jahr 1341 bekam die Stadt die niedere Gerichtsbarkeit verliehen.

Eingang Bürgergefängnis

Die Stadt besaß ein Bürgergefängnis. Die Eingangstür zu diesem Gefängnis mit den verzierten Nägeln und Ornamenten findet sich im Rathaussitzungssaal.

Wandmalereien und historische Steine

Bei Renovierungsarbeiten fand man Teile von ehemaligen Wandmalereien und historische Steine, die für die Nachwelt sichtbar gelassen wurden.

Der Vorraum des Sitzungssaals

Der Vorraum zum Rathaussitzungssaal wirkt wie ein Museum.
Zunächst findet sich ein Gemälde der Stadt, das mit einer Chronologie versehen ist.
Ein weiteres Gemälde zeigt die Hussitenschlacht bei Satzdorf, als 1429 die Stadt von den Hussiten belagert wurde und mutige Bürger den Belagerern auf offenem Feld eine Schlacht boten. Dabei brachten sie den Angreifern eine empfindliche Niederlage bei.
Weiter finden sich die Brunnenfiguren des Nepomukbrunnens, bis 1871 am Marktplatz aufgestellt und des Sebastianbrunnens, bis 1886 am Steinmarkt aufgestellt, im Vorraum.

Der Sitzungssaal im Rathaus-Westbau

Die vier Evangelisten im Rathaus-Sitzungssaal

Kurfürst Karl Albrecht

Tür zum Bürgergefängnis

Stadtansicht mit geschichtlichen Erläuterungen

Schlacht bei Satzdorf, 1429

Nepomuk-Brunnenfigur

Sebastian-Brunnenfigur

Stadtwappen im Foyer des Rathauses

eingemauerter Stein im Langhaussaal

Teil einer alten Wandmalerei im Rathaus

Der Langhaussaal und das Stadtwappen des Jahres 1597

Die Tür vom Langhaussaal zum ehemaligen Bürgermeisterzimmer ist in Granit gehalten und enthält im Giebelfeld über dem Türsturz ein altes Stadtwappen aus dem Jahr 1597.

Tür zum ehemaligen Bürgermeister-Zimmer mit dem Stadtwappen von 1597

Der Langhaussaal im Rathaus-Ostbau

Am Turmumgang der Jakobskirche

Die historische Marktplatzseite

Das ehemalige Gasthaus „Zur Goldenen Krone“

Das Gebäude war das Nobelgasthaus im mittelalterlichen Cham. Wenn Herzöge, Fürsten oder betuchte Personen die Stadt besuchten, stiegen sie hier ab.

Ursprünglich war in diesem Gebäude der Gasthof „Zum Goldenen Kranich“ untergebracht. Wegen seines kronenartigen Dachaufsatzes wurde der Gasthof in „Zur Goldenen Krone“ umbenannt. Das Gasthaus wird erstmals 1489 urkundlich erwähnt, als in dem Gebäude ein Ritterbund, der „Löwlerbund“ gegründet wurde. Bei den Hussitenkriegen hatte das Reichsheer versagt. Es kamen daher in Bayern Pläne auf, ein Söldnerheer aufzustellen. Die Ritter und Adeligen befürchteten, durch diese Pläne ihr Mitspracherecht im Heerwesen zu verlieren und nur mehr Zahlungen leisten zu müssen.
Am 13 Juli 1489 trafen sich in Cham 46 einflußreiche Ritter, um einen Ritterbund gegen diese Pläne eines Söldnerheers zu gründen. Die Stadt wurde als Tagungsort ausgesucht, galt doch damals Cham als neutral. Durch eine Heirat der Wittelsbacher, zu der man Geld brauchte, war die Stadt und unsere Gegend an die Wittelsbacher am Rhein verpfändet, die Region Cham gehörte damals nicht zu Bayern.

Am Gebäude findet man die Inschrift:
In diesem Haus tagten 1489 die Ritter des Löwlerbundes. Hier wohnte 1615 Kurfürst Friedrich V. und manche Fürsten und Herren stiegen hier ab.

Während man von der Marktplatzseite den Gasthof betrat, fuhren die Kutschen und Fuhrwerke das Gasthaus vom Rindermarkt her an. Das Haus besitzt einen Innenhof mit einer über 20 Meter hohen Fichte.
Das Gebäude wird durch einen Kastenerker geziert. Unterhalb des Fenstergesimses sind an zwei Schrägflächen sogar alte Wappen erkennbar. Vor Kurzem entdeckte man das Zoigl des ehemaligen Gasthauses, die goldene Krone, und präsentiert diese am Hauseingang.

Das Zoigl des ehemaligen Gasthauses „Goldene Krone“

Spätgotisches Bürgerhaus am Marktplatz

Neben dem ehemaligen Gasthof „Zur Goldenen Krone“ hat ein Bürgerhaus seine spätgotische Fassade original erhalten. Das gelbe Gebäude trägt einen Treppengiebel aus dem 15. Jahrhundert.
Zudem ist es mit einem Kastenerker versehen. Derartige Kastenerker sind typisch für die Chamer Innenstadt, man findet diese an insgesamt fünf Bürgerhäusern der Chamer Altstadt.

Die historische Marktplatzseite mit dem ehemaligen Gasthaus „Zur Goldenen Krone“ und einem spätgotischen Bürgerhaus mit originalem Treppengiebel

Der Innenhof des ehemaligen Gasthauses „Zur Goldenen Krone“ mit seiner 20 Meter hohen Fichte

Das Gebäude der Marienapotheke

Dieses Gebäude mit der geschwungenen Dachlandschaft war das ehemalige Pflegerschloß im mittelalterlichen Cham. Das Alter des Gebäudes lässt sich durch das Auffinden der Jahreszahl 1581 am Kamin des Gebäudes nachvollziehen.
Seit zirka 1750 ist in dem Bauwerk die älteste Apotheke der Stadt untergebracht. Daher ist außen am Gebäude ein Fresko mit Szenen aus dem Apothekerwesen angebracht.
Auf dem Gemälde wird auf dem linken Bildabschnitt ein Mann mit Wasser geheilt, wie wir es heute vom Kneipp'schen Gedanken her kennen. In der Mitte ist ein Bild der Gottesmutter zu sehen, darunter ein Brunnen und weiter ein Einhorn. Das Einhorn war lange Zeit ein Zeichen für die Apotheker. Auf dem rechten Bildabschnitt bringt ein Kräuterweibchen dem Apotheker Beeren und Kräuter, die dieser zu Arzneien weiterverarbeitet.
Die Inneneinrichtung der Apotheke stammt zum Teil noch aus der Biedermeierzeit.
Das Alter des Gebäudes lässt sich weiter an einer mittelalterlichen, gotischen Skulptur an der Südostecke des Gebäudes erahnen: Zwei Tierkörper, man sagt Löwe und Bär, oder auch ein Affe vereinen sich zu einem gemeinsamen Kopf. Man nimmt heute an, dass eine derartige Skulptur zur Abwehr von Geistern und Dämonen angebracht wurde.

Ähnliche Plastiken findet man an einem Gebäude an der Alrunastraße und am Winterhaus am Marktplatz.
Bemerkenswert ist weiter die Eingangspforte mit der Graniteinfassung und einer geschnitzten Eichentüre, die fast 250 Jahre alt ist.
Den Treppenaufgang des Gebäudes ziert ein Familienwappen und ein lebensgroßes Kruzifix.

Das ehemalige Pflegerschloss und zugleich die älteste Apotheke der Stadt

Fresken aus dem Apothekerwesen

Einmauerung zum Abhalten böser Geister

Apothekeneinrichtung aus der Biedermeierzeit

Altes Kruzifix im Gebäudeinneren

Familienwappen im Gebäudeinneren

Das Baumeisterhaus, Alrunastraße

Ein Stein stellt ein Wesen mit dem Kopf eines Menschen, dem Körper eines Fisches und Füßen am Fischrumpf dar.

Einmauerung an einem Gebäude der Alrunastraße zum Abhalten böser Geister

Das Winterhaus am Marktplatz

Einmauerung mit aufgerissenem Mund am Winterhaus

Blick vom Jakobsturm auf die Gässchen: Lutzgässchen, Schrödergässchen und Geigenmachergässchen

Das ehemalige Gasthaus „Zum Goldenen Löwen“

Während man in einem Wirtshaus nur Bier trinken konnte oder eine Kleinigkeit zum Essen bekam, waren Gasthäuser Einrichtungen, in denen man voll verpflegt wurde und sogar übernachten konnte.
Das heutige Chamer Platzl ist das älteste Chamer Gasthaus. Dabei ruht auf dem Gebäude alte Chamer Gasthaustradition.
Ursprünglich beherbergte das Gebäude das Gasthaus „Zum Goldenen Löwen“. Danach wurde das Gasthaus vom „Zistler-Wirt“ betrieben und auch heute ist in dem Bauwerk ein gutbürgerliches Restaurant untergebracht, womit die alte Wirtshaustradition weitergeführt wird.
Erlebenswert ist dabei die alte Wirtshauseinrichtung mit einer altdeutschen Lerchen-Wandvertäfelung.
Bei Renovierungsarbeiten fand man verkohlte Balken, wahrscheinlich vom Stadtbrand 1873. An der Gebäudefassade befindet sich ein Stein, der Auskunft über das Alter des Gebäudes gibt: ein Granitstein trägt die Jahreszahl 1586, mit den Initialen „H“ und „M“ und darunter die Ziffer „1“.
Der Stein stellt eine mittelalterliche Hauskennzeichnung dar.

Hauskapellen waren früher in Bürgerhäusern üblich. Das ehemalige Gasthaus besitzt eine Hauskapelle, die in die Gotik zurückreicht. Als die Stadtpfarrkirche 1894/95 erweitert wurde, herbergten in dem Gasthaus die Stuckateure. Der Besitzer verpflegte offensichtlich die Handwerker gut, so dass sie sich der gotischen Kapelle annahmen und diese reichhaltig mit Stuck ausstatteten.

Zur Stuckierung der Kapelle

Das Auge Gottes ist der Mittelpunkt des Raumes. Es folgen Wolkenfelder mit sechs Puttenköpfen. Außerhalb der Wolkenfelder ergießt sich ein Strahlenkranz. Bevor sich die Stuckierung in den Schrägflächen der Gotik fortsetzt, wird jede Gewölbefläche mit einem weiteren Puttenkopf angeführt, ehe die eigentliche Ornamentik beginnt.

Das Gebäude beinhaltet zudem ein Kreuz einer ehemaligen Kapelle. Das Alter des Kruzifixes wird auf 400 Jahre geschätzt. Derart mannshohe Kruzifixe waren früher in Chamer Bürgerhäusern üblich. Dort wurden sie als Missionskreuze aufgestellt.

Stuckarbeiten in der gotischen Kapelle des ehemaligen Gasthauses „Zum Goldenen Löwen“

Barockes Kreuz im Gebäudeinneren

Mittelalterliche Hauskennzeichnung

Das Guggenbergerhaus

Das Guggenbergerhaus ist ein Bürgerhaus aus dem 14. Jahrhundert. Ursprünglich war hier das Wirtshaus „Zur Blauen Traube" untergebracht. Das Gebäude ist dreigeschossig und besitzt ein Flachsatteldach. Die Fenster sind mit Fensterläden versehen, die das Gebäude erst recht bürgerlich wirken lassen. Die Eingänge und Schaufenster im Erdgeschoß sind mit schmiedeeisernen Korbgeflechten verziert, dadurch bekommt das Haus ein herrschaftliches Aussehen. Beeindruckend an dem Bauwerk ist das Zoigl, das Zunftzeichen. Es war früher üblich, auf sein Handwerk mit einem typischen Gegenstand aufmerksam zu machen.
In dem Bürgerhaus und auch im Nachbaranwesen wird seit Generationen ein Uhren- und Schmuckgeschäft betrieben.
Als Zoigl wurde daher eine wunderschön gestaltete Taschenuhr gewählt.

Prächtiges Zoigl am Guggenbergerhaus

Chamer Zoigl

Sie sind heute Werbung und Zierde zugleich: die Zoigl, auch Zunftzeichen genannt.

Gasthaus Eder-Wirt mit einem Bierfaß

Restaurant Bräupfandl mit einem Sudkessel

Reisebüro Baumgartner mit einer Weltkugel

Brillen Mayer Auf der Schanze

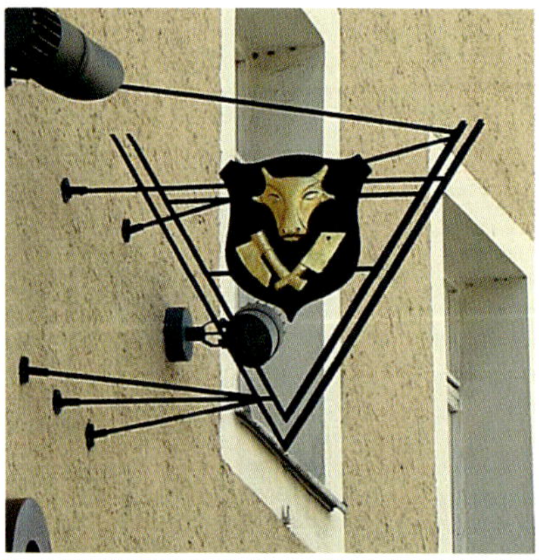

Ehemalige Metzgerei am Rindermarkt mit Ochsenkopf, Haubeil

Ausstattungshaus Schwanenstraße mit prächtiger Verzierung

Bäckerei Schönberger mit einer Breze

Buchhandlung Rupprecht mit einem geöffneten Buch

Apotheke am Marktplatz mit Äskulapnatter

Gasthof Neue Post mit Kutsche

Die Reichenberg'sche Pforte

Bis heute war sie eine der größten Tragödien der Stadt: im Rahmen des österreichischen Erbfolgekriegs greift am 9. September 1742 Trenck der Pandur mit einer wilden Horde von 300 Mann die Stadt an und entfesselt damit den achten Stadtbrand. Raub, Mord und eine dreitägige Plünderung waren die Folge.

Wie sehr die Stadt darniederlag lässt sich aus folgenden Passagen erahnen:

Es dauerte 23 Jahre, bis das Rathaus wieder aufgebaut war. Zwölf Jahre dauerte es, bis zwei Drittel der Stadt wieder entstanden. Sogar die Handelspartnerstädte von Cham wie Regensburg, Nürnberg, Ulm und Augsburg spendeten Geld für den Wiederaufbau.

In dieser Aussichtslosigkeit wurden viele Leute mutlos, verkauften ihre Brandstätten und zogen von Cham weg.

Der damalige Erzdekan, Freiherr Anton von Wolframsdorf, der die schwer geschädigte Stadtpfarrkirche und den schwer beschädigten Pfarrhof aus seinem privaten Vermögen wieder in Stand setzen ließ, kaufte diese Brandstelle des Johann Rochus Reichenberger und ließ daraus den Pfarrgarten erstellen.

Die Reichenberg'sche Pforte war übrigens das Eingangstor zu dem damaligen Bürgerhaus, die heutigen Umfassungsmauern waren die Umfassungsmauern des ehemaligen Wohnhauses.

Das Portal ist so gehalten, wie es bei Bürgerhäusern des 18. Jahrhunderts üblich war.

Anläßlich des Neubaus des Amtsgerichts im Jahre 1985 wurde eine Umfassungsmauer entfernt, der ehemalige Pfarrgarten der Öffentlichkeit zugänglich gemacht und nun als Amtsgerichtsgarten im französischen Stil angelegt mit Wegen, die sich kreuzen, einer Pergola und einem Brunnen, mit dem Spruch aus dem Buch Amos: „Gerechtigkeit sei wie ein nie versiegender Bach“, passend zu einem Ort der Gerechtigkeit: dem Amtsgerichtsgarten.

Die Reichenberg'sche Pforte als Eingang in ein ehemaliges Bürgerhaus

Plakette der Altstadtfreunde

Plakette des Vereins der Altstadtfreunde e. V.

Das Original findet sich im Langhaussaal, in einem Giebelfeld über einer Tür: das Stadtwappen aus dem Jahr 1597. Zu sehen sind zwei Türme, ein Ritterhelm, und der Chamer Kampl sowie die Jahreszahl 1597.

Der Verein der Chamer Altstadtfreunde e.V., der sich zum Ziel gesetzt hat, die Altstadt zu bewahren und das geschichtliche Erbe der Stadt fortzuführen, verleiht jedes Jahr an Personen und Institutionen, die denkmalgeschützte Gebäude erhalten und sich um die Geschichte der Stadt Cham verdient gemacht haben, eine Nachbildung dieses Stadtwappens. Viele Hausbesitzer bringen diese Plakette der Altstadtfreunde e.V. an ihren Bürgerhäusern an.

Die Häuser des Rindermarktes

Der Rindermarkt wurde 1394 urkundlich als Straßenname erwähnt. Offensichtlich gab es bereits im Mittelalter Viehmärkte. Erst 1827 wurde von der Regierung von Passau der Stadt ein eigener Viehmarkt verliehen, der gut angenommen wurde.

Wurden 1844 bereits 315 Tiere gezählt, waren es um die Jahrhundertwende durchschnittlich 600 Tiere und als Höhepunkt wurden im Jahr 1902 an einem Markttag 1170 Rinder, 585 Ferkel und 175 Kälber aufgetrieben.

Jahrzehnte später wurde der Viehmarkt für Schweine an den Steinmarkt verlegt und Jahre später die Viehmärkte aus hygienischen Gründen in eine Halle in der Nähe des Güterbahnhofs verlagert.

Das denkmalgeschützte Ensemble des Straßenzugs „Rindermarkt“ vom Jakobsturm gesehen

Das Anwesen Rindermarkt 4

Der ganze Straßenzug und damit auch dieses Anwesen entstand nach 1742, nach dem Trenck'schen Überfall auf die Stadt, neu. Das über 250-jährige Gebäude ist zweigeschossig gegliedert, die Fenster verlaufen dreiachsig. Das Bauwerk wurde nicht nur mustergültig sondern liebevoll restauriert.

Das zeigt sich an den zierlichen Fensterlisenen, der Auswahl der Fenster, der Eingangspforte mit in Granit gehaltenem Türstock, selbst die versenkt eingemauerten Briefkästen oder die Beschilderungen am Haus sind wohl durchdacht.

Das Gebäude besitzt zwei weitgespannte Tonnenkeller mit einer Höhe von drei Metern, die aus Bruchsteinen gemauert sind, weiter im Hinterhof einen gewaltigen Stützpfeiler, der sich bis ins Obergeschoss erstreckt.

Die Außenfassade zeigt den drachentötenden Hl. Georg, den Patron der Rosshändler. Ein Pferdehändler hatte zur Verehrung des Pferdepatrons die Darstellung anbringen lassen.

Der Hl. Georg im Kampf mit dem Drachen an einem Bürgerhaus am Rindermarkt

Das ehemalige Eh'häusl

Wo heute das Gebäude Rindermarkt 12 steht, befand sich früher ein Gässchen.
Das Haus ist das kleinste Chamer Bürgerhaus, nur 2,50 Meter breit, aber 28 Meter lang.
Wollten früher Leute heiraten, so mussten diese, gesetzlich seit 1825 nach dem sogenannten Heimatrecht, Grundbesitz nachweisen. Da das Gebäude klein war, war es billig zu erwerben und wechselte unter den Heiratswilligen häufig den Besitzer.
So wurde aus dem Gebäude das Chamer Eh'häusl.
Seit 1953 befindet sich das Haus im Besitz der Familie Danisch.

Das Eh'häusl, das kleinste Haus von Cham

Der Marktplatz im Winterkleid

Das ehemalige Gasthaus „Zur Goldenen Weltkugel“

Durch den letzten großen Stadtbrand im Jahre 1877 wurde die Propsteistraße schwer in Mitleidenschaft gezogen. Der Brauereibesitzer Franz Xaver Höchstetter, dessen Brauereigebäude sich neben dem Biertor befand, schuf mit dem Wiederaufbau für die Chamer etwas noch nie Dagewesenes:
Es entstand das Gasthaus „Zur Goldenen Weltkugel“, ein Neurenaissancebau mit seiner klassizistisch gegliederten Fassade. Das Gebäude ist dreigeschossig. Das Erdgeschoß gefällt durch seine Putzstrukturierung. Das erste und zweite Obergeschoss wirkt durch seine Giebelfelder und Fensterlisenen.

Das ehemalige Gasthaus beinhaltete dort, wo heute die Hausfassade weiß getüncht ist, einen Saal über zwei Stockwerke. Man gelangte in den Saal über große Holzportale. Zwei große Kachelöfen beheizten den Saal im Winter. Später wurde noch im Raum ein Balkon eingefügt, auf dem die Kapelle spielte, um dem tanzenden Volk nicht im Wege zu stehen. Der Saal sah große Tanzveranstaltungen und gesellschaftliche Feierlichkeiten und war einer heutigen Stadthalle gleichzusetzen. So fand als Beispiel die weltliche Feier zur Einweihung der Klosterkirche und Klosteranlage 1909 in diesem Saal statt.

Nach der Weltwirtschaftskrise wurde der Gaststättenbetrieb eingestellt. Da die jüdischen Mitbürger einen Betsaal suchten, wurde der ehemalige Saal jahrelang dafür genutzt. Noch heute erinnert daher eine Gedenktafel im Inneren des Gebäudes an die Benutzung durch die jüdische Kultusgemeinde.

Das Haus steht seit 1972 unter Denkmalschutz. Der Orden der Armen Schulschwestern, der in Cham eine Realschule für Mädchen mit über 700 Schülerinnen unterhält, hat das Gebäude angekauft und für schulische Zwecke umgebaut.
Neben einer Lehrküche, einem Schreibmaschinenraum, Computerlehrraum und Klassenräumen dient der ehemalige Saal heute als Schulaula und für musikalische Zwecke.

Bemerkenswert an dem Bauwerk ist die Eingangspforte: das geschnitzte Holztor ist mit Schmiedeeisenverzierungen versehen.
An der Decke des ehemaligen Saales, der heutigen Schulaula, ist das Leben der Gründerin des Ordens der Armen Schulschwestern, Theresia Gerhardinger eindrucksvoll farbig dargestellt. Im renovierten Saal des ehemaligen Gasthauses „Zur Goldenen Weltkugel“ schuf 1991 der österreichische Künstler Fritz Baumgartner ein Gemälde über das Leben der Ordensgründerin der Armen Schulschwestern.

Um das Leben der Theresia Gerhardinger verstehen zu können, muss man wissen, dass ihre Kindheit mit der Säkularisation zusammenfiel.
In dieser Zeit wurden die meisten Klöster geschlossen. Sie vollbrachte das Gegenteil: Theresia Gerhardinger gründete Klöster.

Das ehemalige Gasthaus „Goldene Weltkugel“, heute im Besitz des Ordens der Armen Schulschwestern

Bildbeschreibung

Die Ordensgründerin Karolina Gerhardinger wurde 1797 als Tochter eines Donauschiffers in Stadtamhof geboren. Der Gemäldezyklus beginnt damit, wie ihre Mutter und Dompfarrer Michael Wittmann, der spätere Bischof von Regensburg, der kleinen Karolina den Glauben ins Herz pflanzen. Die steinerne Brücke führt von Stadtamhof hinüber ins alte Regensburg mit den charakteristischen Domtürmen. Karolina besuchte in Stadtamhof die Schule der Notre Dame Schwestern bis zu ihrem 12. Lebensjahr. Dann wurde das Kloster durch die Säkularisation aufgehoben.
Das nächste Bild zeigt Weihbischof Wittmann wie er Karolina mit einer weiteren Schülerin ab dem Alter von 12 Jahren zur Lehrerin ausbildet. Nach drei Jahren Ausbildungszeit durch Bischof Wittmann und durch Privatstudien konnte sie im Alter von 15 Jahren die Prüfung als königliche Lehrerin ablegen.
In der Ecke sehen wir Karolina bereist in der Ordenstracht. Bei ihrer Gelübdeablegung im Jahr 1836 nahm sie den Namen „Theresia von Jesus" an.
Das nächste Bild zeigt sie mit einer Mitschwester und Kindern in Neunburg vorm Wald (Zwiebelturm), wo sie 1833 das erste Kloster errichtete. 1847 wurde ihr von König Ludwig I. das alte Clarissinnen-Kloster am Anger in München angeboten, das von da an zum Mutterhaus des Ordens wurde. Im Hintergrund erkennt man die Türme der Frauenkirche. Der langgezogene Bau ist die nach dem Zweiten Weltkrieg neu errichtete Kirche St. Jakob am Anger. Am Ende des Baus sehen wir Mutter Theresia wie sie Schwestern aussendet zu den Kindern in aller Welt, auch zur Stadt Brakel in Nordrhein-Westfalen (Turm mit drei Spitzen). Das vorletzte Bild zeigt sie im Ochsenkarren auf ihrem Weg durch Nordamerika, wohin sie auf Bitten König Ludwig I. Lehrerinnen für die deutschen Pfarrschulen sandte. Das letzte Bild zeigt Papst Johannes Paul II. bei der Seligsprechung von Theresia Gerhardinger im Jahr 1985, im Hintergrund der Petersdom.

Deckengemälde im Gerhardingersaal

Das Cordonhaus

Unser Landstrich grenzte früher an Böhmen. Das Cordonhaus hat seinen Namen von den Cordonisten, den Grenztruppen, die zur Bewachung der Landesgrenze in unserem Bereich stationiert waren. Das Wort „cordon“ kommt aus der französischen Sprache und bedeutet „in Reih und Glied stehend“. Wie Perlen eines Rosenkranzes waren diese Cordonisten entlang der böhmischen Grenze stationiert.
Das Benediktinerkloster Reichenbach besaß in der mittelalterlichen Stadt weltliche Besitztümer.
Der weltliche Besitz eines Klosters wurde von einem Propst verwaltet. Die Verwaltung nannte man Propstei.
Das Cordonhaus ist der Nachfolgebau eines Zehentstadels dieser Reichenbach'schen Propstei. In einem Zinsbuch (des Klosters) aus dem Jahr 1402 wird dieser Stadel bereits beschrieben. Doch das Gebäude brannte beim Stadtbrand 1512 ab. Von 1527 bis 1536 wurde dieser Getreidespeicher wieder aufgebaut, diesmal nicht als Stadel sondern aus Stein erbaut.
Auf dem Weningstich des Jahres 1726, der die Stadt aus Richtung Süden zeigt, ist das Gebäude auf der inneren Stadtmauer aufgebaut, dargestellt.
1788 wurden in dem Bauwerk die Cordonisten, die bereits beschriebenen Grenztruppen untergebracht. Zuvor wurde das Haus baulich verändert. Der Arkadengang mit der Außentreppe wurde angebracht. Im Erdgeschoß waren die Pferde, im Obergeschoss wohnte die Reiterei.

Nach unterschiedlicher Nutzung in den Jahrzehnten zuvor wurde das Gebäude in den Jahren 1979 bis 1982 grundlegend saniert. Im Erdgeschoss ist seitdem das Tourismusbüro der Stadt Cham untergebracht, im ersten Stock befindet sich die Städtische Galerie, in der wechselnde Ausstellungen moderner Kunst präsentiert werden. Im ausgebauten Dachgeschoß ist die Prähistorische Sammlung der Stadt zu besichtigen, in der Bodenfunde der Stadt und des Umlandes präsentiert werden.

Das Cordonhaus ist ein stattlicher, langgezogener, zweigeschossiger Bau. Auffallend ist die Dachlandschaft mit der Biberschwanzeindeckung und den Schleppgauben, die auf einen mehrgeschossigen Dachstuhl schließen lassen. Im Innenhof gefällt der Arkadengang und weiter die Exponate früherer Künstler der verschiedenen Kunstausstellungen. Diese Darstellungen verleihen dem Hof ein gehobenes Ambiente, mit einem Brunnen und eingegrenzt durch die innere Stadtmauer aus dem Jahr 1250, deren Mächtigkeit man heute noch erahnen kann.

Das Cordonhaus aus dem 16. Jahrhundert

Im Innenhof des Cordonhauses

Die Chamer Störche

In einem Ölgemälde der Stadt Cham, das um 1720 entstand und das „Archi Capitulum Cambense", die Pfarrkirche als Sitz eines Erzdekanats zeigt, ist auf dem Fleischtor ein Storchennest erkennbar.
1837 wird das Storchennest auf dem Straubinger Turm erwähnt. Seit 1958 brüten die Störche regelmäßig auf dem Straubinger Turm. Je nach Witterung hat Meister Adebar jedes Jahr zwischen zwei und vier Jungtiere.

Beachtlich ist der Aktionsradius. Bis auf die Pfahlhöhen vor Radling fliegen die Störche zur Futteraufnahme. Doch auch entlang des Regens am Rande der Altstadt finden sie genug Futter.
Oftmals stehen die Altstörche mit ihren Jungtieren bewegungslos, in eine Richtung starrend, im Nest. Oftmals bin ich schon bei Stadtführungen, bei denen man den Straubinger Turm mit seinen Störchen gerne präsentiert, gefragt worden, ob die Tiere echt sind, oder im Hintergrund jemand an einer Schnur zieht, um den Tieren Leben zu verleihen.

Die Chamer Storchenfamilie auf dem Straubinger Turm

Das ehemalige Post-Bräustüberl

Die mittelalterliche Stadt umfasste den Bereich zwischen der Regenschleife und dem Stadtgraben, in dem heute die Eisenbahnlinie Nürnberg-Prag verläuft.
Erst als 1861 die Stadt an das Eisenbahnnetz angeschlossen wurde, wuchs die Stadt über den Stadtgraben nach Westen hinaus. Durch den Anschluss der Stadt an das Eisenbahnnetz ließen sich vier Sägewerke nieder. Damit begann die Industrialisierung der Stadt. Zwischen dem nördlichen Stadttor und den Sägewerken verlief die Waldmünchner Straße, eigentlich die Staatsstraße nach Schönthal und Waldmünchen. Dieser Straßenzug wurde die Verbindungsstraße zwischen der Altstadt und den neu niedergelassenen Sägewerken. Bei der Planung achtete man auf eine Straßenbreite von 15 Metern. 1880 wurde der Straßenzug zu Ehren König Ludwigs II. in „Ludwigstraße“ umbenannt.
Die Ludwigstraße ist heute die Verbindung von der Altstadt zum Bahnhof und weiter zum Stadtteil „Cham-West“.
Als sich die Stadt entlang der ehemaligen Waldmünchner Straße nach Westen auszubreiten begann, wurde 1904 das Post-Bräustüberl erbaut. Das Gebäude beeindruckt durch seinen Erkerturm und den gestaffelten Giebeln, die mit Zinnen gekrönt sind
Die Inneneinrichtung erregt heute noch Bewunderung: die Holzvertäfelung, die dem Jugendstil zugerechnet wird, wurde von der ehemaligen Chamer Möbelschreinerei Schoyerer gefertigt.

Jugendstilornamentik des ehemaligen Postbräu-Stüberls

Das ehemalige Postbräustüberl bei Nacht mit seiner gelungenen Anstrahlung

Einzelheiten und Besonderheiten an Bürgerhäusern

Erker am „Tretter-Haus“ der Gerhardinger Realschule mit geschichtlichen Darstellungen

Historischer Erker an einem Bürgerhaus der Grünwaldstraße

Marienstatue an einem Gebäude am Rindermarkt

Marienstatue an dem barocken Pfarrhof St. Jakob

Das Geburtshaus Nikolaus Graf Luckners

Das Geburtshaus von Nikolaus Graf Luckner steht seit dem Jahr 2005 unter Denkmalschutz.
Eine Tafel erinnert an diesen Sohn der Stadt Cham. An einem anderen Bürgerhaus erinnert eine weitere Inschriftentafel an Joseph Rudolph Schuegraf, ebenfalls ein Sohn unserer Stadt, der sich als Geschichtsforscher einen Namen gemacht hat.

Das Geburtshaus Nikolaus Graf von Luckner

Gedenktafel an Joseph Schuegraf
an der gleichnamigen Straße

Gedenktafel an Graf Luckner
am Straubinger Berg

Die Turbinenanlage Grabenmühle

Im Jahre 1900 wurde mit dem Bau des Elektrizitätswerkes an der Further Straße und der Inbetriebnahme zweier Dampfmaschinen die Stadt elektrifiziert.
Der Regenfluss wurde seit jeher zum Antrieb von Mühlen und Sägewerken genutzt. Es wurden Gedanken entwickelt, den Fluss zur Stromerzeugung nutzbar zu machen.
Wo heute die Turbinenanlage Grabenmühle steht, befand sich ursprünglich eine kleine Brettersäge. Der Besitzer bot der Stadt das Gelände zum Kauf an und es wurde 1906 die Turbinenanlage Grabenmühle erbaut und am 30. April 1907 in Betrieb genommen. Das Gebäude mit dem farbig gehaltenen Stadtwappen ist heute halb Museum und halb Turbinenanlage. Die Turbine im unteren Bereich ist noch historisch, im oberen Bereich erneuert. Alte Pläne finden sich im Hausinneren.
Die Turbine, eine Francis-Schachtturbine, Baujahr 1906, erneuert in den Jahren 1955 und 2000 hat einen Durchfluss von 4,5 m^3/sek auf 1,35 Meter Fallhöhe und liefert heutzutage mit 400.000 kWh Strom nur mehr einen kleinen Anteil am Gesamtaufkommen der Stadt. Doch auch mit diesem Anteil an grünem Strom wird ein Beitrag zur Schonung der Natur geleistet.

Alte Turbine nun als Museumsstück

Die Turbinenanlage Grabenmühle

Der historische Teil der Chamer Stadtwerke, heute ein Industriedenkmal

Genau im Jahre 1900 ist die Stadt Cham elektrifiziert worden. In diesem Jahr geht die elektrische Stromversorgung und die elektrische Straßenbeleuchtung in Betrieb. Dabei ist die Straßenbeleuchtung noch älter:
1824 wurde die Straßenbeleuchtung durch Öllampen eingeführt, in den 60er Jahren des 19. Jahrhunderts die Straßenbeleuchtung mit Petroleum.

Doch bis in Cham im Jahre 1900 die Elektrifizierung Einzug hielt, war es ein langer Weg.
Am 8. Februar 1893 wurde den Chamern im Höchstetter-Saal bereits elektrisches Licht bei einer Faschingsveranstaltung der hiesigen Waldvereinssektion dargeboten. Der Waldverein lieh sich an diesem Tag eine Dampfmaschine aus einem der Chamer Sägewerke aus.
Kurze Zeit später bewies den Chamern der Sägewerksbesitzer Melchior, er war Inhaber eines der vier großen Sägewerke in der Stadt, wie mit Hilfe eines Reflektors die Kirchturmuhr von St. Jakob angestrahlt wurde, so dass die Uhrzeit abzulesen war.

Noch im Jahr 1893 beschloss der Stadtmagistrat die Einführung elektrischen Lichts. Doch dazu sollte noch einige Zeit, bis zum Jahr 1900, vergehen.
Am April 1899 beschließt der Stadtrat den Bau des Elektrizitätswerkes an der Further Straße. Mit dem 23. August 1899 beginnen die Aushubarbeiten. Und genau am 14. März 1900 geht die elektrische Stromversorgung und die elektrische Straßenbeleuchtung mit zwei Dampfkraftmaschinen mit je 70-80 PS in Betrieb.
Die beiden Dampfkraftmaschinen existieren nicht mehr. Doch 1898/1899 entschloss sich der Brauereibesitzer Höchstetter, seine Brauerei zur Stromversorgung mit einer Dampfmaschine auszurüsten. Diese Dampfmaschine war baugleich mit denen der städtischen Elektrizitätserzeugung.
Im Jahre 1899 lieferte die Firma MAN eine Einzylinder-Dampfmaschine mit 51-68 PS an die Brauerei Höchstetter.
Dabei sind die Ausmaße der Anlage imponierend: das Schwungrad misst vier Meter im Durchmesser, das Lederband des Riemenantriebs ist 22 Meter lang und 26 Zentimeter breit.
Mit dieser Dampfmaschine wurden in der ehemaligen Brauerei ein Dynamo zur Stromerzeugung, zwei Wasserpumpen und ein Aufzug angetrieben. Weiter wurde die Anlage zum Betrieb der Kühlaggregate genutzt.

Die Dampfmaschine aus dem Jahr 1899 wurde 1992 im historischen Teil der Chamer Stadtwerke, der heute ein Industriedenkmal darstellt, aufgebaut und ist heute noch voll funktionsfähig. Sie kann zusammen mit einer Kirchenuhr der Redemptoristenkirche „Maria Hilf“ aus der Zeit nach 1900, die von dem Chamer Turmuhrenfabrikanten Weigl erbaut wurde, nach Anmeldung besichtigt werden.

Der „Klinkerbau“, der historische Teil der Stadtwerke

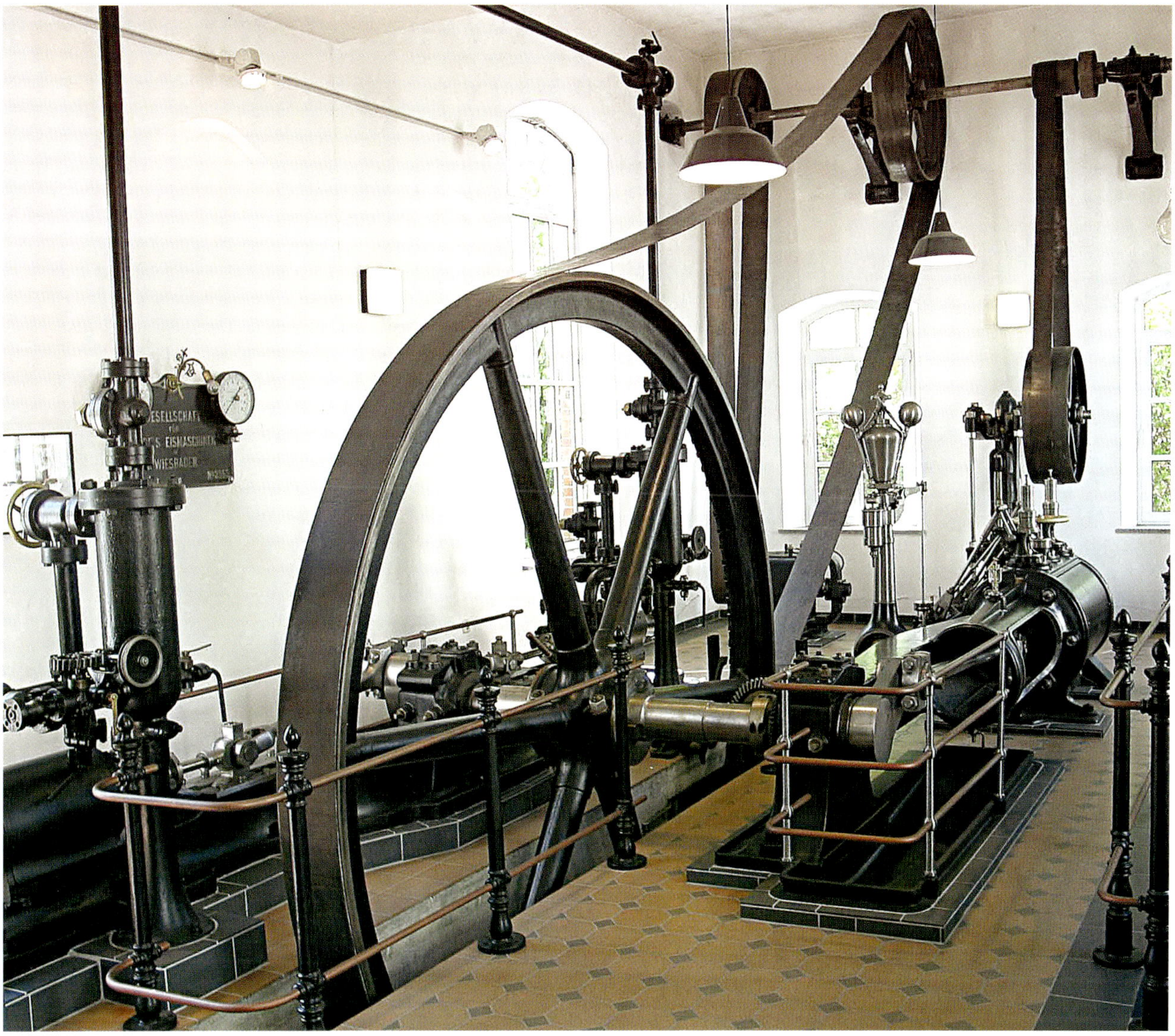

Dampfmaschine der Firma MAN, 1899

Historische „Weigl-Uhr“
ehemals in der Klosterkirche eingebaut

Brunnen im Innenhof der Stadtwerke

Das Gebäude des Museums SPUR

Zur Geschichte des Gebäudes

Das Gebäude des Museums SPUR dokumentiert Chamer Sozialgeschichte.
Das Haus wurde nach dem Stadtbrand von 1512 errichtet. 1529 ist das Gebäude in eine Stiftung für arme Menschen übergegangen. Der Merianstich des Jahres 1644 zeigt das Haus mit einem Treppengiebel. Es wird dort als Lazarett bezeichnet. Auch im 30-jährigen Krieg fand das Anwesen als Lazarett Verwendung.

Im Jahr 1713 wurde das Haus als Pest-Lazarett verwendet und 1750 wird es als „Blatternhaus“ bezeichnet. Beim Trenck'schen Überfall auf die Stadt im Jahre 1742 wurde das Bauwerk in Brand gesetzt. Danach bekam das ehemalige Armenhaus sein jetziges, barockes, abgeflachtes Dach.
Seit 1911 war das Gebäude im städtischen Besitz und wurde für mittellose Menschen verwendet.
1983 erwarb der Münchner Maler Thomas Niggl das Haus und renovierte es mit großem finanziellen Aufwand.

Baugeschichtliche Bedeutung des Hauses

Beim Betreten des Gebäudes fällt die oben abgerundete Eingangspforte auf. Die Fenster haben granitene, gotische Fensterwände.
Der Fußboden des Erdgeschosses besteht aus runden Steinen, dem Boden der Barockzeit, bei der Renovierung ergänzt mit Feldsteinen.
Das Haus besitzt keinen Keller. Es hat auf jedem der beiden Geschosse vier gleich große Räume, in denen früher die Großfamilien untergebracht waren.
Bei der Restaurierung wurden so viele Teile wie möglich wiederverwendet.
Die Besonderheit des Hauses besteht darin, dass es drei gotische Kaminanlagen besitzt. Die Kaminanlagen sind doppelstöckig ausgeprägt, haben eine Wirkung wie Kachelöfen, ein Kamin ist sogar als Rauchkuchel im Obergeschoss ausgeführt.
Im ersten Obergeschoss durfte für das Museum SPUR eine Innenmauer entfernt werden. Bei der Renovierung wurden die original barocken Holzdecken wieder entdeckt. Weiter wurden die gotischen Sitznischen freigelegt.

Moderne Kunst in alten Mauern: das Museum SPUR

Das ehemalige Bürgerspital

Um das Jahr 1135 wurde die Stadt Cham von dem Bereich unterhalb der Reichsburg beim heutigen Stadtteil Altenstadt an den jetzigen Ort innerhalb der Regenschleife verlegt. Mit der Verlegung der Stadt bekamen die Chamer Bürger in einer Urkunde des Regensburger Bischofs Heinrich vom 9. Mai 1285 die Erlaubnis, von Neuem ein Krankenspital zu errichten. Aus dieser Urkunde geht hervor, dass das Spital eine Kirche, einen Friedhof und einen Priester hatte.
Spitäler standen immer am Rand einer Stadt, wo Fremde die Stadt betraten. Das Spital war eine Art Filterstation. Man wollte erreichen, dass keine Seuchen in eine Stadt eingeschleppt wurden.
Weiterer Zweck des Spitals war, unschuldig in Not geratene Bürger die alt, krank und gebrechlich waren, aufzunehmen und zu versorgen.
Das Spital und die Kirche in Altenstadt waren noch dem Hl. Nikolaus geweiht. Auch das Chamer Spital trug bis 1468 diesen Namen.
Im Jahre 1470 ereignete sich ein Stadtbrand. In einem Spitalsiegel vom Jahre 1475 ist dann von einem Spital zum „Hl. Geist" die Rede.
Vor dem Stadtbrand von 1873 war die Spitalanlage ein stattlicher Vierseithof.

Der zweigeschossige Bau mit seinem Treppengiebel hat an den Fenstern neugotische Zierrahmen. In den Jahren 1874 bis 1971 war in dem Gebäude das Altenheim der Stadt untergebracht, seit 1976 befinden sich darin die Stadtbibliothek und das Stadtarchiv.
Augenfällig ist an der Nordseite die ursprüngliche Eingangstür. Darüber befindet sich das Stadtwappen mit der Jahreszahl 1919. Die Ostseite ziert die Schutzmantelmadonna. An der Westseite ist ein Erker mit einem farbig gefassten gotischem Kreuzigungsrelief mit der Jahreszahl 1447 anzutreffen mit der Inschrift „mysere mei deus", Herr erbarme dich meiner.

Ehemaliger Eingang Bürgerspital

Gotisches Relief

Schutzmantelmadonna an der Ostseite

Stadtwappen 1919

Der Regenbogen und seine Stadt

Das Dr. Schmidbauer Haus

Das Gebäude stammt aus der Zeit nach dem Trenck'schen Überfall auf die Stadt, aus der Zeit um 1750. Ursprünglich war das Anwesen kleiner ausgelegt und im hinteren Teil für eine Landwirtschaft angelegt.
Bemerkenswert an dem Bauwerk sind das steile Satteldach und die langen Fensterreihen in beiden Geschossen. Das Haus besitzt zwei Räumlichkeiten, die in ihrer Ausführung unvergleichlich sind.
Ursprünglich wurden die beiden Räume für eine Rechtsanwaltskanzlei eingerichtet. Später wurden diese Räume in den Jahren 1965-1992 als Warte-

Das Dr. Schmidbauerhaus, im Hintergrund die Spitalkirche

zimmer und Behandlungsraum für die Arztpraxis Dr. Schmidbauer genutzt. Die Besonderheit dieser Räume ist eine kunstvoll geschnitzte Holzverschalung aus Nussbaum-Holz, um 1880 errichtet, mit wertvollen Decken und Türrahmen, welche an dorische Säulen erinnern.

Zugang zum Garten des Schmidbauerhauses

Die historische Inneneinrichtung, vor über 200 Jahren eingebaut

Ausschnitt aus der Deckenverkleidung

Die Stadtpfarrkirche St. Jakob

Die Entstehung der Kirche

Der Ursprung der Stadt Cham war die Reichsburg Cham auf einer Anhöhe nördlich des Klosters Chammünster, der Urkirche des Bayerischen Waldes.
In einer Urkunde, die man dem Jahre 739 zuschreibt, und das Kloster Chammünster betrifft, wird diese Reichsburg Cham mit erwähnt. Die Textstelle lautet: „Cella apud Chambe super flumen quod Regen digitur". Aus dem Lateinischen ins Deutsche übersetzt lautet der Satz „das Kloster bei Cham jenseits des Flusses, den man Regen nennt".
In einer anderen Quelle ist die Rede, dass die Stadt Cham von der Reichsburg bereits um 1135 in die von drei Seiten schützende Regenschleife verlegt wurde. In einer Urkunde vom Jahr 1210 wird dann die heutige Pfarrkirche als „ecclesia in novum forum", als „Kirche am neuen Marktplatz" erwähnt.
Damit ist diese Urkunde der Geburtsbrief der Stadtpfarrkirche St. Jakob.

Zur Baugeschichte

Wer die Baustiltypen der Jahrhunderte kennt, kann diese am heutigen Gotteshaus nachvollziehen.
Erbaut im Jahr 1210 war die Kirche geprägt vom Baustil der Romanik. Typisch für romanische Kirchen war, dass diese zwei Kirchtürme besaßen und die Apsis quadratisch abschloss.
Realisiert wurde nur der Südturm des Gotteshauses. Der Nordturm wurde nur ca. 10 Meter hoch aufgemauert, endet oberhalb des linken Oratoriums des Presbyteriums und ist baulich ins Rathaus integriert. Zwischen diesen beiden Kirchturmanlagen breitet sich die ursprüngliche quadratische Apsis aus.
Um 1420 wurde die Apsis nach Osten hin halbrund erweitert. Diese Erweiterung im Zeitalter der Gotik kann man recht gut an den Fenstern des Presbyteriums, die besonders an der Außenfassade spitzbogig zulaufen, nachvollziehen.
Die nächste bauliche Änderung geschah 1703. Zuvor war 1701 nach der offenbar nur notdürftigen Renovierung eines Brandschadens die Kirchturmzwiebel und offensichtlich auch Teile des Kirchturms heruntergefallen und hatten das Kirchenschiff durchschlagen. Der Wiederaufbau des Kirchenschiffes fiel in das Zeitalter des Barock. Dabei wurde statt der bisherigen Basilikabauweise nun eine Wandpfeilerkirche errichtet. Die mächtigen Wandpfeiler sollen dabei das Gewicht der Eintonnung tragen.
Zudem war die Kirche dreijochig gebaut. Unter einem Joch sind die kräftigen Rundbogen zwischen den Wandpfeilern zu verstehen.
Die letzte bauliche Veränderung geschah in den Jahren ab 1894/95. Die Kirche wurde von den heutigen Seiteneingangstüren nach Westen um zwei Joche erweitet und damals mit zwei Emporen versehen.

Das Gotteshaus wurde in den Jahren 2000 bis 2005 einer Gesamtrenovierung unterzogen.
Dabei fand im Jahr 2000 zunächst eine Sanierung der Dachbereiche statt. Aus Rücksicht auf die im Jahr 2001 in der Stadt Cham durchgeführten Gartenschau geschahen 2001 nur Befunduntersuchungen.
2002 folgte die Erneuerung des Fußbodens im Innenraum, im Jahr 2003 wurde der Jakobsturm innen und außen renoviert.
2004 wurden die Kirchenmalerarbeiten angegangen. Den Abschluss der Gesamtrenovierung bildete 2005 der Wiedereinbau der Hauptorgel, diesmal auf der verbliebenen ersten Empore.

Wie bereits dargestellt, entstammt die Stadtpfarrkirche dem Jahr 1210. Die Gesamtrenovierung geschah nicht von ungefähr: so wird im Jahr 2010 gebührend das 800-jährige Jubiläum der Kirche gefeiert werden.

Die Stadtpfarrkirche St. Jakob
mit ihrem 56 Meter hohen Turm

St. Jakob mit Westfassade

Die Innenausstattung der Kirche

Windfang

Der Windfang, eine Stahl-Glas-Konstruktion ist trotz seiner Größe filigran gehalten. Mit dieser Glas-Stahl-Lösung wollte man erreichen, dass der Blick des Kirchenbesuchers sofort für den Innenraum frei wird. Umgekehrt, beim Verlassen der Kirche, wird die Sicht für das Westportal zugänglich. Die Türgriffe sind als Jakobuskirche mit Pilgerstäben gestaltet, die Glasflächen sind durch Handläufe geschützt und mit Bibelzitaten beschriftet.

Altäre

Unter Pfarrer Rädlinger wurden 1850 die barocken Altäre entfernt und gegen neugotische ersetzt. Erst mit der Erweiterung der Kirche ab 1894 hielten wieder barocke Altäre Einzug in die Kirche.
Geschaffen wurden diese von der ehemaligen Chamer Möbelfabrik Schoyerer. Die Altarblätter stammen von Waldemar Kolmsperger sen. und jun. aus München.
Beim südlichen Seiteneingang befindet sich der Barbaraaltar, zugleich als Kriegergedächtnisstätte für die Toten des Ersten Weltkriegs.
1905 wurden der Josefsaltar mit den Altarwächtern, dem Hl. Wolfgang und dem Hl. Emmeram geschaffen. Ebenfalls 1905 wurde der Herz-Jesu-Altar mit den Altarwächtern der Hl. Theresia von Avila und der Sel. Alruna in die Kirche eingebaut.
1914 wurde der Sebastianaltar mit den Altarwächtern, dem Hl. Bischof Otto von Bamberg und dem Hl. Karl Borromäus eingefügt. Noch im selben Jahr wurde der Marienaltar mit dem Hl. Georg und dem Hl. Florian integriert.
Der Aloisiusaltar, noch aus der Barockausstattung der Kirche, stammt aus dem Jahr 1750.
1917 wurde dann als Krönung der Ausstattung der Hochaltar eingebaut. Um ihn in Bezug auf die mächtigen Seitenaltäre wuchtiger zu gestalten, wurden die rückwärtigen Fenster optisch mit eingebunden. Großdimensionierte Säulen tragen das Schnitzwerk und schließen so die rückwärtigen Fenster mit ein. Die Altarwächter sind der Hl. Petrus und der Hl. Paulus.

Fresken und Stuck

Im Presbyterium wird das Martyrium des Hl. Jakobus, seine Enthauptung dargestellt.
Das Hauptgemälde im Kirchenschiff zeigt die Schlacht von Clavijo im Jahr 844.
Diese beiden Bilder und auch die Stuckarbeiten in diesen Bereichen stammen aus der Zeit um 1760.
Im Emporenbereich zeigt ein Bild die Rettung Schiffbrüchiger durch den Kirchenheiligen. Die Stuckarbeiten in diesem Bereich wurden nach 1895 geschaffen.
Beeindruckend ist der Stuckbaldachin, am Bogen zwischen Kirchenschiff zum Presbyterium. Er soll verhüllend sein, was das Mysterium der Eucharistie anbelangt, aber zugleich den Einblick in das Wunder der Eucharistie darstellen.

Figuren

Im ersten Joch findet man den Namenspatron der Kirche, den Hl. Jakobus. Die Figur stammt aus der Barockausstattung der Kirche.
An den Wandpfeilern sind von vorne nach hinten der Hl. Franz Xaver, der Hl. Antonius von Padua, die Hl. Anna und die Hl. Monika angebracht.
Am Nordeingang findet man Christus, den Schmerzenmann, gegenüber ein übergroßes Kruzifix mit einer weiteren Figur der ehemaligen originalen Barockausstattung: der Mater Dolorosa.
Der Kreuzweg entstand im Jahre 1915.

Stuhlwangen und Portale

Original barock ist das Nordportal, beeindruckend sind die Schließkästen aller Portale.
Auch die Stuhlwangen, deren Laubausgestaltungen tief geschnitzt sind, entstammen der Epoche um 1750.

Epitaphien

Das Gotteshaus beinhaltet eine Vielzahl an Epitaphien, die die Erinnerung an ehemalige Erzdekane, Gönner und Ehrenbürger der Stadt wachhalten soll.

Kirchenorgeln

Die Hauptorgel auf der Empore, der Orgelprospekt stammt noch aus der Barockzeit um 1720, besitzt 43 Register mit 3213 Pfeifen und verfügt über ein Gewicht von 10,5 Tonnen.
Die für Konzertzwecke eingebaute Chororgel im Presbyterium verfügt über 522 Pfeifen.
Dabei ist die Chororgel von der Hauptorgel aus mit spielbar.

Innenaufnahme der Stadtpfarrkirche St. Jakob

Die Erlöserkirche

Die Grundsteinlegung für die im neugotischen Stil erbaute Kirche erfolgte am 15. August 1891. Am 16. Oktober 1892 fand die Einweihung des Gotteshauses statt.
Das in Backsteinbau ausgeführte Kirchenbauwerk besitzt eine Schieferdachdeckung und ist mit einer Treppenanlage an die Ludwigstraße angebunden. Zur Schleinkoferstraße führt ein Fußweg, der besonders im Sommer angenehm beschattet, am Abend wunderbar illuminiert ist.

Nach Umbauarbeiten im Jahre 1964 bekam die evangelische Kirche ihren Namen: Erlöserkirche nach der namensgleichen Kirche nahe Golgotha.

Die einzige evangelische Kirche im Stadtgebiet: die Erlöserkirche

Die Stadtpfarrkirche St. Josef

Durch die starke Zunahme der Bevölkerung bekam die Stadt im Jahre 1955 im Stadtteil Cham-West eine weitere Kirche: die Stadtpfarrkirche St. Josef. Baubeginn für den Kirchenbau war das Jahr 1953. Die Grundsteinlegung erfolgte am Sonntag, den 25. April 1954.
Der Erbauer der Kirche war der Pfarrer der Stadtpfarrkirche St. Jakob, Georg Strohmeier. Es befindet sich daher sein Grab in der Kirche und auch die Straße neben dem Kirchenbau wurde nach ihm benannt.
Am Sonntag, den 24. Juli 1955 wurde die Kirche geweiht. Die Innenausstattung ist schlicht aber modern. Der Münchner Kunstmaler Gottfried Gerstl schuf 1958 das Hochaltarbild mit dem Christus-Thema: die Kreuzigung, die Auferstehung, die Himmelfahrt und den wiederkommenden Christus als mittige Zentralaussage in Freskotechnik.
Volksaltar, Priestersitz, Tabernakelsäule und Ambo sind in rotem Verona-Marmor ausgeführt.
Beeindruckend ist die Rosette an der Ostfassade des Gotteshauses.

Zum 50-jährigen Jubiläum der Kirche wurde 2004 der Kirchplatz großzügig und zugleich urban umgestaltet.

Die neu errichtete Stele am Kirchplatz

Der Kirchplatz St. Josef

Die Spitalkirche „Zum Heiligen Geist“

Baubeschreibung

Eine Spitalkirche gab es bereits im alten Cham, im Ortsteil Siechen. Diese war dem Hl. Nikolaus geweiht.
Die Spitalkirche war mit der Westseite an die innere Stadtmauer angebaut, die Kirche lag somit außerhalb der inneren Stadtmauer. Als man die äußere Stadtmauer 1430 erbaute, wurde die Spitalkirche in das Verteidigungssystem eingebunden und lag nun zwischen den beiden Stadtmauern. In diesem Bereich zwischen den beiden Stadtmauern wurde der Spitalfriedhof angelegt.
Wann der heutige Kirchenbau entstanden ist, darüber berichtet uns eine Steinplatte an einer Strebe an der Außenmauer.

Darauf steht geschrieben:
Eine Inschrift des Jahres 1512 an der Spitalkirche berichtet uns vom Stadtbrand 1512:
Als man zahlt 1512 jar an
Sand Margareten abendt ist die ganze stat chamb
Sambt dem spitl aus gebrunnen.
1514 jahr darnach die kirchn von grundt
angefangn und gepaut.

Unter der Steintafel befindet sich ein gotisches Wappenschild.

Nach dem Stadtbrand von 1512 entstand demnach das heutige Kirchenbauwerk im Jahre 1514 im Stil der Gotik. Daran erinnert uns der Chor des Kirchenbauwerks mit seinem Kreuzgratgewölbe.
Auch der Spitzhelm des Turms verweist auf die Gotik.
Nach dem Überfall Trencks auf die Stadt im Jahre 1742 hatte offensichtlich der Chor den Stadtbrand des Jahres 1742 überlebt und man fügte dem Gotteshaus ein neues Kirchenschiff mit drei Fensterachsen an.
Der Bau des Kirchenschiffs wurde breiter angelegt. Daher springt das Kirchenschiff gegenüber dem Presbyterium hervor. Das Kirchenschiff hat im Inneren eine ebene Deckenfläche gegenüber den Kreuzgratgewölben des Chors.
Das gotische Portal an der Südseite der Kirche, eventuell der ehemalige Haupteingang, hat die Trenck'sche Brandschatzung gut überstanden und wurde im Zuge des Wiederaufbaus an der Südseite des Kirchenbaus eingesetzt.

Das spitzbogige Portal ist mit einer schweren Eichentüre aus dem 18. Jahrhundert ausgestattet.
An der Steinfassung des Portals findet man 14 ungleich verteilte Kugeln, die entweder die heilige Zahl sieben darstellen oder die 14 Nothelfer. An der linken, unteren Seite des Portals ist eine kleine Hand eingemeißelt, die bei Berührung die Hand schützend über die Kirchenbesucher halten soll.

Steinmetzzeichen am gotischen Südportal

Im Granit des Portals sind gotische Steinmetzzeichen erkennbar. Diese dürften von Steinmetzen der Dombauhütte Regensburg stammen. Sie werden der Zeit 1390-1420 zugewiesen.
1913 bekam die Kirche an der Westseite einen Anbau mit einer neuen Empore mit Außenaufgang und einem neuen Westportal.

Spitalkirche „Zum Hl. Geist“ mit ehemaligem Bürgerspital

Die Innenausstattung der Spitalkirche „Zum Heiligen Geist“

Der Hochaltar im Presbyterium aus dem späten 18. Jahrhundert zeigt das Pfingstgeschehen. Über dem Hochaltar befindet sich eine Darstellung des Hl. Nikolaus, des ursprünglichen Kirchenpatrons. Die Altarwächter sind der Bischof Nikolaus und der Kirchenvater Augustinus.
Das Gemälde im Presbyterium stellt die sieben Gaben des Hl. Geistes in Mädchengestalt dar.

Gotisches Südportal an der Spitalkirche

Das Gemälde des Kirchenschiffs zeigt die Taufe Jesu im Jordan und weiter die vier Kardinaltugenden. Das Gemälde stammt aus dem Jahr 1756.
Der linke Seitenaltar im Kirchenschiff zeigt den Tod des Hl. Josef mit den Altarwächtern und zugleich Beichtvätern, dem Hl. Johannes Nepomuk und dem Hl. Philipp Neri.

Der rechte Seitenaltar zeigt die 14 Nothelfer. Der Altar wird eingerahmt vom Hl. Bartholomäus und dem Hl. Ignatius von Loyola, dem Gründer des Ordens der Jesuiten.
Im Wand- und Bodenbereich sind Epitaphien von Wohltätern der Kirche eingelassen.

Innenaufnahme der Spitalkirche

Epitaphien in der Spitalkirche

Die Stadtbrände

Tafel zum Stadtbrand 1512 an einem Pfeiler der Spiatalkirche

1344, der erste Stadtbrand	Es brennt die nördliche Stadt ab.
1435, der zweite Stadtbrand	Wegen Wassermangel brannte die halbe Stadt ab.
1470, der dritte Stadtbrand	Die Stadt brennt mit Spital und Spitalkirche ab.
1512, der vierte Stadtbrand	Die ganze Stadt brennt nieder. Nur das Rathaus und die Stadtpfarrkirche blieben verschont.
1558, der fünfte Stadtbrand	Zuerst brannte der Stadtteil Letz und die Häuser außerhalb der Stadtmauer bis zum Spitaltor ab. Dann drang das Feuer ins Stadtinnere ein.
1589, der sechste Stadtbrand	Es brannte das Sand- und Burgtorviertel, somit die halbe Stadt ab.
1657, der siebte Stadtbrand	Die Stadt brennt bis auf das Weißbierbrauhaus und zwei Privathäuser nieder und scheint für immer vernichtet
1742, der achte Stadtbrand	Brandschatzung und Plünderung der Stadt durch Trencks Panduren.
1847, der neunte Stadtbrand	Der nordöstliche Teil der Stadt, zwischen der Randsbergerhofstraße und der Hafnerstraße wird vernichtet.
1873, der zehnte Stadtbrand	Der Brand brach im Spitaltorviertel aus.
1877, der elfte Stadtbrand	Das Feuer brach am Steinmarkt aus. Dabei wurde das westliche Stadtviertel total zerstört.

Die Franziskanerkirche

Die Franziskanerkirche ist der Maria von der unbefleckten Empfängnis geweiht.
Vor den Franziskanern hatten sich 1621 in Cham die Jesuiten niedergelassen. Doch diese waren den Chamern in der Glaubensverkündigung zu übereifrig gewesen und wurden abberufen.
Dabei stand die Ansiedelung der Franziskaner ab dem Jahr 1631 unter keinem günstigen Stern: Zunächst bekommen sie vor der Stadt beim Sandtor einen Baugrund und beginnen ab 1632 mit dem Bau des Klosters. Bei der ersten schwedischen Besetzung 1633 lässt Oberst Taupadell in Vorbereitung eines Angriffs der kaiserlichen Truppen die Vorstadt Brunnendorf und das im Bau befindliche Kloster des Franziskanerordens vor dem Sandtor niederreißen.

Doch die Franziskaner geben nicht auf und erwerben nach dem Abzug der Schweden innerhalb der Stadtmauer ein Grundstück und beginnen ab dem Jahr 1635 mit einem erneuten Klosterbau wo heute die Franziskanerkirche steht. Mit dem Bau des Klosters im Jahr 1635 entstand auch die Gruft. In der Gruftanlage dürften 72 Ordensbrüder ihre letzte Ruhe gefunden haben.
Das Kloster wird 1638 eingeweiht. Beim zweiten Schwedeneinfall 1641 wird das Kloster verwüstet und die Franziskaner vertrieben.
Nach der Instandsetzung brennt beim Stadtbrand 1657 die Kirche und das Kloster mit der ganzen Stadt nieder.
Nach diesem neuen Rückschlag werden die Franziskaner mutlos und errichten ab 1658 in Neukirchen b. Hl. Blut ein Kloster. Doch auch das Chamer Kloster wird wieder aufgebaut.

Die Franziskaner waren in Cham sehr beliebt, versahen sie doch den Predigerdienst in der Stadtpfarrkirche, weiter betreuten sie Chammünster mit. In der Blütezeit des Klosters taten hier 24 Patres Dienst, zudem wurden philosophische Kurse angeboten.

Doch es kam die Säkularisation. 1803 wurde das Kloster aufgehoben, Neukirchen wurde eines der Zentralklöster, in die sich die Patres zurückzuziehen hatten, daraus erklärt sich heute noch die umfassend erhaltene Bibliothek im Kloster Neukirchen b. Hl. Blut.
Das Klostergebäude wurde von Chamer Bürgern ersteigert, die Kirche wurde von der Stadt Cham erworben und als Baustadel genutzt und das Brauhaus erwarben die Kommunbrauer der Stadt.

Die Einwohnerzahl der Stadt stieg an, die Stadtpfarrkirche wurde zu klein, und so wandte sich Stadtpfarrer Josef Ziegler 1861 an die Stadt, die Franziskanerkirche als Kirche wieder herzustellen. Der Magistrat der Stadt willigte noch 1861 diesem Vorhaben ein, doch Pfarrer Ziegler musste zunächst auf eigene Kosten auf städtischem Grund einen Stadel errichten, der als Baustadel Verwendung finden sollte. Dieser Bau wurde 1865 begonnen, dort wo sich heute das Parkhaus „Auf der Schanze“ befindet, und fand noch bis nach 1960 als Bauhof Verwendung.
Nach Vollendung des Baustadels kaufte Pfarrer Ziegler 1866 das Kirchengebäude und gestaltete es zu einem Gotteshaus um. Da die Franziskaner einem Bettelorden angehörten, besaß die ursprüngliche Kirche keinen Kirchturm. Bei der Renovierung im Jahr 1866 wurde, um Kosten zu sparen, nur ein Dachreiter vorgesehen. Nach Vollendung der Umbauarbeiten im Jahr 1867 wurde die Kirche 1871 durch Bischof Ignatius von Senestrey neu geweiht.
Am 14. Januar 1875 übergab Stadtpfarrer Ziegler mit einer Schenkungsurkunde die mit Spenden der Bevölkerung neu instandgesetzte Franziskanerkirche der Stadtpfarrkirchenstiftung Cham, St. Jakob.

Im Jahr 1877 ereignete sich der letzte der elf Stadtbrände. Dabei wurde der Dachstuhl völlig zerstört. Auch das Kircheninnere dürfte in Mitleidenschaft gezogen worden sein. Beim Wiederaufbau drohte das Kirchenschiff auseinander zu fallen. Daher wurde das Gebäude durch Zuganker regelrecht zusammengeschraubt. Erst nach dieser Brandkatastrophe bekam die Kirche einen Kirchturm, der 1879 vollendet wurde. Unter Pfarrer Franz Xaver Beutlhauser wurde der Kirchturm mit einer Turmuhr mit Schlagwerk ausgestattet.

Franziskanerkirche mit Konventgebäude

Die Klosterkirche „Maria Hilf“

Baubeschreibung

Der geistige Vater zur Ansiedelung der Redemptoristen mit ihrem Kloster war der Pfarrer der Stadtpfarrei St. Jakob, Geistlicher Rat Michael Schmidt. 1894 wandte sich Pfarrer Schmidt an den Provinzial in Gars und bekam nach Verhandlungen 1896 die Zustimmung. Zuerst zögerten die Redemptoristen. Doch als die Kapuziner als Konkurrenz auftraten, sagte der Orden schnell zu.
1896 bis 1899 kämpfte Pfarrer Schmidt bei den Behörden für die Ansiedlung der Redemptoristen. Sowohl das Kultusministerium als auch die königliche Regierung waren gegen den Bau des Klosters. Erst eine Eingabe an Prinzregent Luitpold führte zur Genehmigung des Ministeriums für Kultus am 27. Juli 1899.
Der ursprüngliche ins Auge gefasste Bauplatz war dort, wo sich heute das Finanzamt befindet, doch die Kaufverhandlungen zerschlugen sich. Doch auch für den jetzigen Standort hatte man ursprünglich andere Pläne:
Die Kirchenfassade sollte direkt an der Ludwigstraße entstehen. Doch hier hätten die Türme riesige Fundamente gebraucht. Auch würde sich heute der Lärm der Ludwigstraße als belastend herausstellen.

Bei der Planung der Kirche im Jahre 1896 wurde der Baustil des Barock und des Rokoko als zu üppig empfunden. Man bewunderte die Stilrichtungen der Romanik und der Gotik. Daher wurde das Gotteshaus im Baustil der Romanik als dreischiffige Basilika mit Rundbögen und Doppeltürmen konzipiert. An die Gotik erinnern die Stützpfeiler, die Rosette an der Westfassade und das hohe Kirchenschiff, an die Barockzeit erinnert uns die Dreijochigkeit.
Erbauer der Kirche und des Klosters war der Superior der neuen Klosteranlage, Pater Josef Schleinkofer. Baumeister war Josef Wiesbauer aus Cham.

Im April 1900 begannen die Bauarbeiten, wobei zuerst der südliche Klosterflügel fertiggestellt wurde. 1901 folgte der nördliche Klosterflügel mit Exerzitienhaus, 1902 wurde die Kirche im Rohbau vollendet und am 7. September 1902 feierlich gesegnet.

Schwierige Bodenverhältnisse machten es erforderlich, die Türme dort anzubringen, wo sie heute stehen: an der Schwelle vom Kirchenschiff zum Chor. Die Fundamente für Kirche und Türme mussten aus dem Fels herausgehauen werden.

Pater Schleinkofer war ein sehr energischer Mann. Schon beim Bau erwies sich das Kloster als zu klein. Das Kloster war nur für zehn Patres genehmigt worden. Für einen Speisesaal, eine Bibliothek oder Kapelle war kein Platz vorgesehen.
Schleinkofer ließ den Klosterbau klammheimlich auf die jetzige Größe erweitern. Doch das brachte ihm viel Kummer ein. Der Bau wurde eingestellt, ja er sollte sogar abgerissen werden. Erst eine Eingabe des Chamer Landtagsabgeordneten Josef Witzelsberger führte zur erneuten Bauaufnahme.

Pater Schleinkofer soll nachts vor Schulden und Kreditsorgen oft kein Auge zugetan haben. Auch der Nachschub an Steinen ging Pater Schleinkofer zu langsam.
Durch das Chamer Tagblatt wurden alle Ziegeleien aufgefordert, Ziegelangebote einzureichen. Da die notwendige Anzahl nicht geliefert werden konnte, wurden Ziegel bis aus Böhmen mit Fuhrwerken herangefahren. Um den Bau schneller voranzutreiben hat Schleinkofer die Fensterbänke und die Rosette aus Beton gießen lassen.

Die große Rosette hat einen Durchmesser von acht Metern. Sie ist gegossen und zusammengesetzt.
Man könnte meinen, sie wäre von einem Steinmetz aus Stein gehauen worden. Die Pessimisten irrten sich, als sie glaubten, die Teile würden nicht zusammenpassen.

An der Spitze der Westfassade krönt die Kirche eine vier Meter hohe Erlöserstatue aus Kelheimer Marmor mit 40 Zentnern Gewicht.
Zu Spitzenzeiten waren auf der Baustelle 271 Arbeiter zugleich beschäftigt, ohne dass es zu einem Unfall kam.

Die Türme sind durch die Hanglage ungleich hoch, an der Spitze aber beide gleich:
der linke Turm misst 65 Meter, der rechte Turm 63 Meter. Dabei ist die Kirche prägend für das Stadtgebiet.

Die Auffahrt zur Klosteranlage zieren die 12 Apostel aus Erz und eine Schutzengelgruppe. Die Figuren wurden in Frankreich hergestellt und kamen mit dem Zug nach Cham und vom Bahnhof mit Fuhrwerken zur Kirche. Jede Heiligenfigur wiegt 800 Kilogramm.

Der markante Bau der Klosterkirche „Maria Hilf“ ist prägend für das Stadtbild

Einzelheiten der Westfassade

Die Innenausstattung

1903 bis 1908 erfolgte die Innenausstattung der Kirche.

Das Kircheninnere ist ausgemalt im Nazarenerstil. Mit diesen farbenfrohen, großflächigen Kompositionen soll der Gläubige das Gefühl haben, er befinde sich im Himmel. Die Innengemälde wurden gefertigt von Max Schmalzl, einem Laienbruder des Ordens, der aus Falkenstein stammt.
Unterstützt wurde Schmalzl vom Mitbruder Frater Albrecht Cyriak, der sich der Ornamentik annahm, während Schmalzl die Figuren malte. Die Hauskapelle entstand unter seiner Anleitung und der Mithilfe der Mitbrüder Cyriak und Frater Paschalis.

An den Wänden sind 14 große Wandtafeln angebracht, die das Leben der Hl. Muttergottes erzählen. Der Bilderzyklus hat seinen Beginn und sein Ende im Presbyterium.

Die Wandtafeln auf Leinwand gleichen Wandteppichen und haben eine Größe von 2,50 x 3,75 Metern. Weil die Bilder auf Leinwand gemalt sind, konnte Schmalzl auch im Winter weiterarbeiten, zudem war, als die Bilder entstanden, der Kulturkampf Bismarcks gegen die katholische Kirche im Gange. Man fürchtete, irgendwann das Kloster verlassen zu müssen und besann sich, durch eine mögliche Abnahme der Bilder den Bilderzyklus retten zu können.

Die Marienbilder haben eine spezifische Bildkomposition: in Anpassung an den neuromanischen Kirchenbaustil jeweils fünf romanische Arkaden-Rundbögen als Kulisse und Kompositionsgerippe.

In der Apsis stößt man auf Gott, der als Symbol seiner Allmacht und Allgegenwart mit den sechs Schöpfungstagen und den zwölf Tierkreiszeichen umgeben ist. Weiter erblickt man Jesus, den die Engel die Marterwerkzeuge bringen. Darüber erkennt man den Hl. Geist.
Weiter steht in lateinischer Schrift: „Ich bin das Licht der Welt“, „Bei ihm ist Erlösung in Fülle“ und „Wer außer dem Herrn ist barmherzig“.
Am Zentralfresko findet man Maria und Josef. Im Chorfenster erkennen wir die Eltern Mariens, den Hl. Joachim und die Hl. Anna.
Im Kirchenschiff sind 105 Heiligendarstellungen quer durch die Kirchengeschichte vorzufinden.
Am 2. September 1909 wurde die Kirche durch Bischof Antonius von Henle eingeweiht.
Als Pater Schleinkofer die vollendete Kirche sah, soll er vor Freude geweint haben.
Pater Josef Schleinkofer verstarb am 8. Januar 1928 im Alter von 75 Jahren in Cham.
Die Gebeine des Kirchenerbauers dürfen in der Kirche aufbewahrt werden.
Am 14. Mai 1950 wurden seine sterblichen Überreste in die Kirche überführt.

Glasfenster als Teil der prächtigen Innenausstattung

Die Schutzengelgruppe am Aufgang zur Kirche

Die Klosterkirche der Redemptoristen, Innenaufnahme

Zwei der zwölf Apostel der Klosterauffahrt

Die Stadtbefestigung

Die Stadttore

Die Stadt Cham besaß im Mittelalter vier Stadttore. Nach Osten, dort wo heute das ehemalige Bürgerspital steht, befand sich das Spitaltor, das erstmalig 1260 urkundlich erwähnt wurde. Nach Norden, bei der Eisenbahnbrücke an der Ludwigstraße stand das Sandtor, 1270 wurde es erstmals als Wernherstor benannt und 1318 als Sandtürl bezeichnet. Das Burgtor im Westen der Altstadt wird erstmals 1403 urkundlich angegeben. Schließlich taucht das südliche Tor der Stadt, das Fleischtor, 1424 aus dem Nebel der Geschichte.
Das Burgtor ist gegliedert in zwei massive Rundtürme, deren Mauerstärken eineinhalb Meter betragen. Die Türme tragen Kegeldächer. Der Torbau gefällt heute noch durch seine holprige, mittelalterliche Pflasterung. An den Rundtürmen sind verputzte Schießscharten zur Verteidigung des Bauwerks erkennbar und längliche Fenster, die als Lichteinfallsquellen in das Gebäude dienten.
Im Erdgeschoss waren die Rundtürme, zur optimalen Verteidigung, fensterlos.
Nördlich des Burgtors befand sich die Chamer Burg. Sie diente als Amtssitz der mittelalterlichen Richter und Pfleger.
Drei Jahre lang, von 1322 bis 1325 war die Burg königliche Residenz. Elisabeth von Böhmen, die Frau des Böhmenkönigs Johannes, residierte hier und brachte in Cham Zwillinge, zwei Mädchen zur Welt.
Als für die herzoglichen Richter und Pfleger ein neues Amtsgebäude errichtet wurde, betrieb ab 1600 die Stadt in der Chamer Burg ein Brauhaus, aus dem 1642 ein kurfürstliches Brauhaus wurde. 1803 ging die Brauerei in bürgerlichen Besitz über und wurde als Weißbierbrauerei weiterbetrieben. Durch diese Begebenheit trägt das Burgtor bei den Chamern liebevoll die Bezeichnung „Biertor".

Das Biertor aus Richtung Altstadt

Das Biertor von Westen aus gesehen

Der Straubinger Turm

Der Straubinger Turm ist der inneren Stadtmauer vorgelagert. Der viereckige Turm aus dem Frühmittelalter ist aus Bruchsteinen gemauert und war ursprünglich ein Wehr-, Wach- und Strafturm.
Der aus dem 9. oder 10. Jahrhundert stammende Stadtturm befindet sich seit dem Jahr 1805 im Privatbesitz der Familie Straubinger.
Interessant ist das Fundament des vierstöckigen Turms. Der Stadtturm steht auf einem mächtigen Granitfelsen, der steil zum Regenfluss hin abfällt.

Der Straubinger Turm aus Richtung Regenseite

Der Straubinger Turm vom Turm der Jakobskirche gesehen

Die Stadtmauern

Im Mittelalter wurde die Stadt durch zwei Stadtmauern geschützt: durch die innere Stadtmauer und weiter durch die im Jahre 1430 entstandene äußere Stadtmauer.

Die innere Stadtmauer

Diese Stadtbefestigung war ursprünglich 12-15 Meter hoch und 3-5 Meter stark. Das Bauwerk dürfte aus der Zeit um 1250 stammen. Eine Urkunde berichtet uns, dass 1266 Ottokar von Böhmen bei einer Belagerung die Stadt nicht einnehmen konnte.

Zu erleben ist die innere Stadtmauer an der Unteren Regenstraße, am Birkenstein, weiter ist das Cordonhaus auf der Stadtmauer aufgebaut. Durch ihre Höhe besticht sie auch an der Randsbergerhofstraße.

Die innere Stadtmauer am Birkenstein

Die innere Stadtmauer im Garten der Gerhardinger Realschule

Die innere Stadtmauer, nachts, am Birkenstein

Die innere Stadtmauer am Birkenstein bei Nacht

Die äußere Stadtmauer

1415 wurde der böhmische Reformator Jan Hus, obwohl man ihm freies Geleit zugesichert hatte, auf dem Konzil zu Konstanz verbrannt. Die Folge waren die Hussitenkriege in unserer Grenzregion zu Böhmen.
Ein Gedenkstein am Westbau des Rathauses, der ursprünglich am Fleischtor angebracht war, erinnert uns daran, dass zum Schutz vor der Hussitengefahr im Jahre 1430 die Stadt innerhalb von 41 Wochen ab Georgi (23. April) 1430 eine zweite, die äußere Stadtmauer bekommen hat.
Die Stadt Cham besaß bereits im Mittelalter zwei Vorstädte nämlich Brunnendorf, das bereits 1170 urkundlich erwähnt wird und die Vorstadt Letz, deren Erwähnung auf das Jahr 1312 zurückgeht.
Die Vorstadt Letz entwickelte sich östlich und westlich des Fleischtors. Im Mittelalter durfte man nur in einer Stadt wohnen, wenn man Bürger dieser Stadt war. Daher siedelten sich außen an der inneren Stadtmauer, in der Vorstadt Letz, zweierlei Personengruppen an: zum einen Menschen, um im Kriegsfall sich in die Stadt in Sicherheit bringen zu können. Für diese Ansiedelung verpflichtete man diese Leute zum Wachdienst auf der Stadtmauer. Zum anderen ließen sich Handwerker nieder, die zur Ausübung ihres Handwerks Wasser, damit den Regenfluss brauchten.
Mit dem Bau der äußeren Stadtmauer, die entlang des Regens verlief, bezog man die so entstandene Vorstadt Letz in das Verteidigungssystem der mittelalterlichen Stadt mit ein. Ebenfalls in den Schutz der Stadt mit einbezogen wurde das vor der inneren Stadtmauer gelegene Spital.
Die äußere Stadtmauer war niedriger als die innere Stadtmauer. So konnte man von der inneren Stadtmauer über die äußere Stadtmauer auf feindliche Heeresteile hinüberschießen.
Zum anderen besaß die äußere Stadtmauer 24 Schalentürme. Das waren halbrunde, nach außen vorgestellte Türme, die zum einen erbaut wurden, um die Standsicherheit der äußeren Stadtmauer zu erhöhen, zum anderen damit man Angreifern, die sich direkt an der äußeren Stadtmauer befanden, in den Rücken schießen konnte.
Von diesen 24 Schalentürmen existieren heute nur noch drei: der Spatzenturm am Zwingerweg, dort, wo die äußere Stadtmauer nach Norden sich erstreckte, der Schalenturm bei der Schule am Regenbogen, dem sonderpädagogischen Förderzentrum und der Graßlturm beim Spitalgarten.
Mit diesen beiden Stadtmauern war die mittelalterliche Stadt Cham bis in die Zeit, als im Dreißigjährigen Krieg die Feuerwaffen ins Kriegsgeschehen immer mehr Einzug hielten, uneinnehmbar. Dieser Umstand hatte aber Folgen für das weite Umland, an dem der Feind, wegen des Unvermögens, die Stadt Cham einzunehmen, seine Wut in Form von Brandschatzungen und Plünderungen ausließ.

Turm der äußeren Stadtmauer bei der Schule am Regenbogen

Der Spatzenturm, zur äußeren Stadtmauer gehörig, am Zwingerweg gelegen

Die innere Stadtmauer mit Spitalkirche im Spitalgarten bei Nacht

Die Städtische Galerie im Cordonhaus

Nach der Sanierung des Cordonhauses und mit der Einweihung im Jahr 1982 wurde in dem Gebäude die Städtische Galerie eingerichtet.

Mit acht bis zehn wechselnden Ausstellungen pro Jahr soll hier zeitgenössische Kunst bei freiem Eintritt präsentiert werden. Idee der Galerie war es, sowohl die Künstler der Region, wie allgemein den künstlerischen Nachwuchs zu fördern.
Es werden zudem Werke von überregional bekannten Künstlern gezeigt aber auch alljährlich regionalgeschichtliche und kulturgeschichtliche Ausstellungen erarbeitet und dargeboten.
Mit diesem durchdachten Ausstellungskonzept hat sich die Städtische Galerie zu einem regionalen und überregionalen Kulturzentrum etabliert.

Werke von Jiri Ptacek im Juni 2005 im Cordonhaus

Die Prähistorische Sammlung der Stadt Cham

Die Prähistorische Sammlung der Stadt Cham als Ausstellung ist dem ehemaligen Gymnasialprofessor Herbert Wolf in seiner Eigenschaft als damaliger Kreisheimatpfleger für Bodendenkmäler zu verdanken.
Die Ausstellung zeigt die Bodenfunde anhand von Verbreitungskarten und Fundkarten sowie die Besiedelung der Cham-Further-Senke auf.
Dabei werden auch die Entdecker und Sammler dieser Fundstücke gebührend mit Texten und Fotos gewürdigt.
Die Altsteinzeit wird dokumentiert durch den Fund eines Faustkeils bei Pösing, dessen Alter mit 100.000 Jahren angegeben wird. Aus der Jungsteinzeit wird der Fund eines Siedlungsplatzes bei Knöbling dargestellt, bei dem über 1000 Fundstücke geborgen wurden. Die gefundenen Gegenstände haben sich als Relikt einer eigenen Kulturgruppe herausgestellt, denen man den Namen „Chamer Gruppe“ gab. Kornabdrücke, die man in den Tonscherben fand, erbrachten damit den Nachweis, dass Getreide im Bayerischen Wald bereits um das Jahr 2000 v. Chr. angebaut wurde. Die Bronzezeit wird dokumentiert durch die Funde von Bronzebeilen, einer Lanzenspitze sowie Tonscherben. Der Urnenfelderzeit ist der Fund eines Bronzeschwertes sowie eine Urne mit Knochenresten neben Tonscherben zuzuordnen.
Die Hallstattzeit schließt sich an mit dem Fund eines Bronzerings. Eine kleine Goldmünze und ein Tüllenbeil aus Eisen wird der Latenezeit zugeschrieben.

Präsentation von Einzelfunden:
Faustkeile aus unserer Region

Vitrinen und Einzelfunde der Prähistorischen Sammlung

Das Museum SPUR

Im Herbst 1957 stellte eine Gruppe junger Künstler, vornehmlich Absolventen der Münchner Kunstakademie zum ersten Mal im Pavillon des Alten Botanischen Gartens in München gemeinsam aus.
Im Januar 1958 fanden sie für ihren Zusammenschluss den Namen SPUR. Zu den Gründungsmitgliedern zählen Lothar Fischer, Heimrad Prem, Helmut Sturm, Hans-Peter Zimmer, Erwin Eisch, Gretel Stadler und Dieter Rempt.
Mit den vier Mitgliedern Prem, Sturm, Fischer und Zimmer bestand die Gruppe bis 1965.
Man sagt die Gruppe SPUR hat in der Nachkriegszeit den Aufbruch Deutschlands in die moderne Kunst bewirkt.
Im ehemaligen städtischen Armenhaus, aus dem Zeitalter der Gotik stammend, nunmehr das Museum SPUR, können Malerei und Skulpturen dieser Künstlergruppierung in historischen Räumen bewundert werden.

Der Flur im ersten Obergeschoss mit seiner barocken Balkendecke

Der Ausstellungsraum des Museums SPUR

Die Landkreismusikschule

1991 wurde im Südflügel der Klosteranlage der Redemptoristen die Landkreismusikschule eingerichtet. Seit dem Start hat diese Schule unter der Leitung von Musikschuldirektor Paul Windschüttl eine beeindruckende Leistungskurve vorgelegt: zirka 1300 Schüler werden an dieser Bildungseinrichtung gefördert und unterrichtet.

Die Musikschule gibt Unterricht von der Pikkoloflöte bis zur Tuba, alle möglichen Tasten-, Streich-, Blas- und Schlagzeuginstrumente werden hier unterrichtet.

Bei öffentlichen und schulischen Veranstaltungen treten Schüler in Saxophon-, Volksmusik-, Klarinetten-, Harfen- oder Querflötenensembles auf. Weiter gibt es einen Kinder- und Jugendchor.

Auch im Streichorchester, Akkordeon- und Gitarrenorchester zeigen Kinder und Jugendliche ihr Können.

Auch die Lehrkräfte treten bei Konzerten und Veranstaltungen in Form der Dinnermusik, des Ensembles ChamBrass, der Klosterbergmusikanten, der Galaband, der Bigband oder der Jazz-Combo öffentlich auf.

Aufführung im Konzertsaal der Landkreismusikschule

Jüdische Gemeinde und jüdische Kultur in Cham

Jüdische Mitbürger und Handelsleute haben bereits im Mittelalter zur Hebung des Handels in der Stadt beigetragen. So wird bereits im herzoglichen Urbar des Jahres 1270 von einem jüdischen Mitbürger berichtet. Weiter wird im Jahr 1336 ein jüdischer Händler erwähnt. Ein weiterer jüdischer Mitbürger taucht 1371 auf.

Der Straßenzug „Judenstraße" deutet darauf hin, dass mehrere jüdische Familien sich in der Stadt niedergelassen haben. In unmittelbarer Nähe dieser Straße befand sich bis zum Stadtbrand 1873 die Synagoge, die jüdische Schule und der Judenturm. Mit dem Anschluss der Stadt an das Eisenbahnnetz im Jahre 1861 begann mit der Ansiedelung der großen Sägewerke Kröber, Frey (später Gebhardt), Clemencon und Melchior die Industrialisierung der Stadt.

Als Folge ließen sich nach 1863 jüdische Kaufleute in Cham nieder.

Sowohl im Mittelalter, als auch zur Zeit der Industrialisierung haben jüdische Mitbürger dazu beigetragen, dass Cham sich als Handelsstadt auszeichnete.

1889 wurde der jüdische Friedhof fertiggestellt. Bei dem jüdischen Friedhof handelt es sich heute um einen geschlossenen Friedhof.

Ruhe und Stille am jüdischen Friedhof

Der Friedhof an der Schleinkoferstraße

Der Friedhof an der Schleinkoferstraße wurde 1868 angelegt. Die Anlage wurde mehrmals erweitert, so 1911 um den sogenannten Waldfriedhof, zudem nach dem Zweiten Weltkrieg und schlussendlich an der Südecke, hier entstand im Rahmen der Gartenschau im Jahre 2001 die grüne Kapelle nach Plänen des Chamer Pädagogen Franz Rackl.
Der Friedhof umfasst nunmehr insgesamt ein Areal von 2,7 Hektar.
Auf dem Gottesacker befinden sich mehrere denkmalgeschützte Objekte. Das älteste ist das 1870 im neugotischen Stil errichtete Marmordenkmal der Familie Schmidinger. Dieser Familie gehörte der Steinbruch im Stadtteil Cham-West.

Das Frauendorfer Mausoleum aus dem Jahr 1905 erinnert an eine angesehene Bürgerfamilie. Apotheker und Staatsbeamte sind aus dieser Familie hervorgegangen. Der letzte Spross der Familie war Benefiziat Otto Frauendorfer. Ihm ist es zu verdanken, dass der obere Stadtpark in seiner Geschlossenheit entstand.

Die Witzelsberger-Gruft aus dem Jahr 1907 erinnert an den Reichstagsabgeordneten und späteren bayerischen Landtagsabgeordneten Josef Witzelsberger und seine Familie. Der Familie Witzelsberger ist die Stiftung der Kanzel in der Stadtpfarrkirche St. Jakob zu verdanken. Mit der Stiftung eines Grundstücks hat die Familie Witzelsberger die Ansiedlung der Maristen Schulbrüder an der Bürgermeister-Vogel-Straße ermöglicht.
Das Loewsche Familiengrab aus dem Jahr 1865 erinnert an Thomas Joseph Loew. Er war königlicher Posthalter und als Landwehrmajor Stadtkommandant der Chamer Landwehr.

Mosaikbild in der Witzelsberger-Gruft

Denkmalgeschützte Grabstätten am städtischen Friedhof

Die Galerie Profil

Schon seit 1986 zeigt die Galerie Profil einem interessierten Publikum jeden Monat neue Werke zeitgenössischer Künstler.
Neben anerkannten Künstlern aus ganz Deutschland haben immer wieder auch Hobbymaler Gelegenheit ihre Arbeiten zu präsentieren. Vorwiegend werden realistische und surreale Bildwerke in Öl- und Aquarelltechnik ausgestellt.

Aber auch Plastiken, Zeichnungen, Radierungen, Holzschnitte und Lithographien begeistern immer wieder die Besucher der Galerie.

Ausstellung in der Galerie Profil

Kultur am Regenbogen

Als im Jahr 2001 die Gartenschau am Regenbogen veranstaltet wurde, erwartete man 70.000 Zuschauer zu dieser Veranstaltung.
Der Name „Gartenschau am Regenbogen" leitet sich nicht in erster Linie vom Regenbogen nach einem Gewitterregen ab, sondern hauptsächlich von der Flussschleife des Regenflusses, in die unsere Stadt gebettet ist.
Die Gartenschau hatte ein dezentrales Ausstellungskonzept. Allgemein bei Gartenschauen gibt es ein Freigelände, durch das die Besucher durchgeschleust werden. Fährt man abends nach Hause, hat man von der veranstaltenden Stadt nichts mitbekommen.
Nicht so in Cham. Hier gab es ein dezentrales Ausstellungskonzept: Anlaufpunkt war das Zentralgelände an der Quadfeldmühle. Hier begann ein viereinhalb Kilometer langer Fußweg, der an den Stationen der Gartenschau und an Sehenswürdigkeiten der Stadt entlang führte. So konnte man beides erleben: die Stadt und die Gartenschau am Regenbogen. Abgerundet wurde die Gartenschau durch ein wohldurchdachtes Kulturprogramm. Und so kam es, was niemand für möglich hielt: statt der erhofften 70.000 Zuschauer kamen zu der Gartenschau in die Stadt am Regenbogen über 234.000 Besucher. Ein Rekord, der bei regionalen Landesgartenschauen in Bayern bis heute nicht erzielt wurde! Mit der Veranstaltung „Kultur am Regenbogen" soll an die Gartenschau des Jahres 2001 mit ihrem vielfältigen Kulturprogramm angeknüpft werden.

So finden vom Mai bis August unter dem Thema „Chamer Musiksommer" am Marktplatz jeweils Samstag vormittags Konzerte statt, wie das Foto mit der Dinnermusik der Landkreismusikschule zeigt.
Im Juli werden unter dem Thema „Sommer am Regenbogen" Freiluftkonzerte gegeben wie hier im Innenhof der Landkreismusikschule mit der Gruppe BrassUnlimited. Weiter finden in einem Familienprogramm Kinderkonzerte und Figurentheater statt. Im November bis April, der kühleren Witterung angepasst, werden im Langhaussaal des Rathausostbaus die Rathauskonzerte aufgeführt.
Zudem findet jedes Jahr das internationale Chamer Musikfestival statt.
Damit präsentiert sich die Stadt am Regenbogen als *die* Kulturstadt im Landkreis.

Die Dinnermusik der Landkreismusikschule anlässlich eines Konzerts der Reihe „Chamer Musiksommer" am Marktplatz

Freiluftkonzert der Reihe „Sommer am Regenbogen“ im Hof der Landkreismusikschule

Klavierabend im Langhaussaal im Rahmen der Rathauskonzerte

Die Kolping-Musik Cham

Gegründet wurde die Kolping-Musik Cham im Jahre 1965. Die Kolping-Musik gliedert sich in ein Jugendorchester, ein großes Blasorchester sowie verschiedene Volksmusikgruppen. Ziel der Kolping-Musik ist es, auf dem Gebiet der Musik Jugend- und Breitenarbeit anzubieten. Unterricht wird dabei in Instrumental- und Harmonielehre vermittelt. Dazu betreibt die Kolping-Musik Cham seit 1974 eine eigene Musikschule.

Die Kolping-Musik Cham wirkt mit beim jährlichen Musikfest „Singendes Klingendes Cham", bei jährlichen Konzerten und vertritt als Kulturbotschafter die Farben der Stadt Cham im In- und Ausland.

Die Kolpingmusik Cham beim Frühjahrskonzert in der Stadthalle

Das Musikfest „Singendes-Klingendes-Cham“

Jährlich, zur Volkfestzeit, am ersten Sonntag im August, feiert die Stadt das Musikfest „Singendes-Klingendes-Cham“.
Das erste Musikfest fand 1967 statt. Vater und Motor dieser Mammutveranstaltung ist Herr Alois Groß, der die Kolping Musik in Cham aufgebaut hat. Seit 1966 organisiert und arrangiert Herr Alois Groß diese Musikveranstaltung in der Stadt am Regenbogen.
Wenn der Festzug am Sonntagnachmittag mit Blasmusikgruppen, Brauchtumsgruppen, Spielmannszügen und Trachtenabteilungen sich vom Bahnhof über die Ludwigstraße zur Altstadt und weiter über Brunnendorf zum städtischen Festplatz bewegt, dann befinden sich Tausende von Gästen und Zuschauern in der Stadt.
Die teilnehmenden Musikgruppen und Spielmannszüge kommen dabei nicht nur aus unserem Land, es ist bereits Tradition, dass Musikformationen aus europäischen und osteuropäischen Nachbarländern, ja sogar Gruppen bis aus Übersee in der Stadt zu Gast sind.

Die ganze Stadt voller Musik beim Musikfest „Singendes-Klingendes-Cham“

Das Torelli-Kammerorchester

Spricht man im Landkreis Cham von klassischer Musik, so meint man damit das Torelli-Kammerorchester.
Amateure haben sich zusammengeschlossen, um die Pflege der Orchestermusik zu betreiben.

Bei regelmäßigen Konzerten werden dabei die Meister aller musikalischen Epochen wieder lebendig. Das Foto zeigt das Torelli-Kammerorchester bei einem Benefizkonzert für die Hauptorgel in der Stadtpfarrkirche St. Jakob.

Das Torelli-Orchester bei einem Konzert in der Stadtpfarrkirche St. Jakob

Die Klostermühle in Altenmarkt

Die ehemalige Klostermühle, als geschlossene Vierseithofanlage angelegt, liegt an einem steil abfallenden Hang, der zum Quadfeldmühlbach geneigt ist. Der Mühlenkomplex stammt aus dem 18. Jahrhundert. Die Mühle wurde 1135 erstmals urkundlich erwähnt.

Das dreigeschossige Hauptgebäude aus Bruchsteinen besitzt einen gotischen Kern und entstammt dem 15./16. Jahrhundert. Die gesamte Anlage wurde in den Jahren 1998 bis 2001 generalsaniert. Seit der Renovierung ist die Mühlenanlage ein bäuerliches Kulturzentrum mit Bauernmarkt, einer Gastronomie und einem Mühlenmuseum, in der die noch erhaltene Mahlanlage und ein 100 Jahre alter Mühlstein zu besichtigen sind.

Weiter werden laufend Ausstellungen und Kurse unterschiedlichster Fachrichtungen und dies eingebettet in die Romantik des Quadfeldmühlbaches, zugleich eine grüne Oase der Ruhe, angeboten. Geht man den Mühlenweg entlang des Mühlbaches, diese Örtlichkeit ist so idyllisch angelegt, dass es scheint, als sei die Zeit stehen geblieben.

Im Mühlenmuseum

Das bäuerliche Kulturzentrum Klostermühle vom Quadfeldmühlbach aus gesehen

Der Innenhof der Klostermühle

Die Fachakademie für Holzgestaltung

Die Fachakademie für Holzgestaltung wurde 1988 in Cham errichtet. Träger dieser Einrichtung ist der Bezirk Oberpfalz.
Mit einem zweijährigen Studium können Schreinermeister oder Interessenten mit adäquater Vorbildung das Studium mit dem Titel „staatlich geprüfter Form- und Raumgestalter Holz“ abschließen.
Den Studierenden stehen neben umfangreichen CAD- und CNC-Techniken eine hauseigene Bibliothek zur Verfügung, um Kenntnisse für Gestaltung von raumbildenden Ausbauten und Möbeln, Freihand-, Entwurfs- und Konstruktionszeichnungen bis hin zu Modellbau sowie die fertigungstechnische Umsetzung von Entwürfen vermittelt zu bekommen. Zudem wird Betriebswirtschaft, Wirtschafts-, Sozial- und Rechtskunde vermittelt.
Am Ende des zweiten Studienjahres hat jeder Studierende eine Abschlussarbeit über ein selbstgesuchtes Thema innerhalb von zwei Monaten zu bearbeiten.
Die Fachakademie ist jährlich bei nationalen und internationalen Messen vertreten. Die Studierenden der Fachakademie nehmen an nationalen und internationalen Wettbewerben, und dies immer wieder mit beachtlichem Erfolg, teil.

Die Fachakademie für Holzgestaltung an der Ludwigstraße

Ein Modell für das Rasthaus „Bayerischer Wald“ gestaltet von dem Absolventen Andreas Simmel

Das Büchsenmacher-Museum Kuchenreuter

Das Büchsenmacher-Handwerk gibt es in Cham seit über 180 Jahren. Dabei kann die Familie Kuchenreuter mit der Regensburger Büchsenmacher-Verwandtschaft auf eine über 360-jährige Tradition zurückblicken. In dem Büchsenmacher-Museum der Familie Kuchenreuter finden sich Ausstellungsstücke aus drei Jahrhunderten. Dabei ist Martin Kuchenreuter der 29. Büchsenmacher, sein Bruder Christoph der 30. Kuchenreuter-Büchsenmachermeister aus einer lückenlosen Ahnenreihe, die bis ins Jahr 1640 zurückreicht. Ahnen wie Christoph Kuchenreuter (1755-1818) fertigten Waffen für die bayerischen Kurfürsten und Könige, für Napoleon, den Zaren von Russland, für Fürst Metternich sowie für österreichische Kaiser und Kanzler.

Im Museum befinden sich ein Auftragsbuch aus der Zeit 1802-1814, eine Zugbank aus dem Jahr 1800, ein recht gut erhaltener Rest eines Kuchenreuter-Gewehres, das Taucher aus einem Wrack vom Meeresgrund vor Sardinien bargen. Das Museum besitzt zudem eine umfangreiche Waffensammlung.

Zugbank, Werkbank und alte Waffen dominieren das Büchsenmacher-Museum Kuchenreuter

Die St. Anna-Kapelle, Museum für sakrale Kunst

Zur 1250-Jahr Feier der Urkirche des Bayerischen Waldes, Chammünster, wurde die nebenstehende St. Anna-Kapelle grundlegend renoviert.
Die St. Anna-Kapelle war eine Stiftung des Jahres 1367 der Ritter von Chamerau. Diese Kapelle war von dem Rittergeschlecht als Begräbniskapelle auserkoren worden. In der Fundationsurkunde des Jahres 1393 wird über das Motiv der Stiftung und die Ausstattung der Kapelle berichtet.
Heute ist die St. Anna-Kapelle ein Museum für sakrale Kunst.
So findet sich in dem Museum ein frühgotischer Messkelch aus dem 13. Jahrhundert, der zweitälteste Kelch der Diözese Regensburg. Weiter eine Glocke aus der Zeit um 1300, eine karolingische Säule um das Jahr 800 stammend, ein Karfreitagskreuz, viele Heiligenfiguren, mehrere Messgewänder und eine größere Anzahl an Epitaphien.
Zu besichtigen ist das Museum für sakrale Kunst nach Anmeldung beim Initiator und Ideengeber dieser Einrichtung, Herrn Ruhestandspfarrer Franz-Xaver Hebauer.

St. Anna-Kapelle im Ortsteil Chammünster

Außen strahlend, innen kostbar: das Museum in der St. Anna-Kapelle

Die Stadt Cham als Schulstadt

Die Chamer Schultradition reicht weit zurück. Bereits 1353, aber auch 1396 und 1408 wird in Cham ein Schulmeister nachgewiesen.

1577 besaß die Stadt eine vierklassige Lateinschule. 1880 wurde die Präparandenschule, eine Lehrerausbildungsschule von Pleinfeld in Mittelfranken nach Cham verlegt.

Heute findet man in der Stadt:
- fünf Grundschulen
- eine Teilhauptschule I
- eine Teilhauptschule II
- ein Sozialpädagogisches Förderzentrum
- eine Schule für Lernbehinderte
- zwei Realschulen
- zwei Gymnasien
- eine Fachoberschule
- eine Berufsschule
- eine Berufsoberschule
- vier Berufsfachschulen
- eine Fachakademie für Holzgestaltung
- eine Volkshochschule.

Zudem gibt es in Cham noch mehrere private und gemeinnützige Bildungsträger.

Das Joseph-von-Fraunhofer-Gymnasium am sogenannten „Schulberg“ als Vertreter der Chamer Schulen

Von Gasthäusern und Esskultur

Die Stadt Cham war bereits im Mittelalter eine bedeutende Handelsstadt. In Städten, in denen der Handel blüht, kommen Kaufleute an, die verpflegt werden wollen und es sind Händler auf der Durchreise, um Station zu machen.
Der Rindermarkt wird erstmals 1394 urkundlich erwähnt. 1827 wird der Stadt ein eigener Viehmarkt verliehen, der gut besucht ist. So wurden 1844 noch 315 Tiere gezählt, um die Jahrhundertwende waren es bereits durchschnittlich 600 Tiere und als Höhepunkt im Jahre 1902 über 1200 Tiere.
Dabei war es durchaus üblich, einen guten Handel beim Verkauf eines Stück Viehs später im Gasthaus kräftig zu feiern. In der 1919 erschienenen Stadtchronik von Johann Brunner „Geschichte der Stadt Cham" wird uns von 33 Gasthäusern berichtet. Und diese hatten alle klangvolle Namen wie Gasthaus „Zum Goldenen Löwen, Zum Goldenen Affen, Zum Roten Ochsen, Zum Schwarzen Adler oder Zum Schwarzen Bären".

Und noch heute gibt es vorzügliche Restaurants und idyllische Biergärten, einfach zum Leben voller Genuss in der Stadt am Regenbogen.

Eines von vielen Restaurants: das Rhanerbräustüberl mit seiner Jugendstil-Einrichtung

Den Sommer genießen in der eigenen Stadt bei Speis und Trank im Freien

Der Meranweg

Mit dem Bahnbau kam der Bahnbauingenieur Peter Kleemann nach Cham. Ihm ist der Meranweg mit seinem idyllischen Baumbestand zu verdanken.
Im Jahre 1861 wurde die Stadt Cham an das Eisenbahnnetz angeschlossen. Dabei entstand der Meranweg entlang des Regenarms. Der Meranweg wurde ursprünglich von der Bahnverwaltung unterhalten. Die Straßen und Wege, die die Bahn zu versorgen hatte, wurden mit zerkleinerter Schlacke der Lokomotiven aufgeschottert. Daher hieß der Meranweg in der Bevölkerung der „schwarze Weg". Der Weg stellt die kürzeste Verbindung des Bahnhofviertels zur Altstadt dar.

Der Meranweg entstand in der Zeit, als das südtiroler Meran zum Kurort aufstieg und für sein vorzügliches Klima bekannt wurde. Die Kurverwaltung Meran wurde 1855 gegründet. In Anlehnung an das milde Klima Südtirols bekam der Meranweg, der in dieser Zeit entstand, seinen Namen, lässt sich hier die wohltuende Wärme der ersten Frühlingssonne genießen.

Herbst am Meranweg

Chamer Hinweisschilder

Um den Besuchern der Stadt eine Orientierung zu geben, wurden an öffentlichen Plätzen und Kreuzungen über 20 Hinweisschilder aufgestellt, um auf Sehenswürdigkeiten hinzudeuten oder den Weg zu wichtigen Einrichtungen zu weisen. Gekrönt werden die Hinweisstangen durch einen Chamer Kampl.

Sie weisen den Gästen den Weg: Chamer Hinweisschilder.
Im Hintergrund das Hauptportal der Stadtpfarrkirche St. Jakob

Der Spitalgarten

Am östlichen Rand der Altstadt, zwischen der inneren und äußeren Stadtmauer, befindet sich der Spitalgarten. Wie Knochenfunde zeigten, befand sich in diesem Bereich im Mittelalter der Friedhof der Spitalstiftung. Bei der Gartenschau am Regenbogen im Jahr 2001 war der Spitalgarten mit seinen Schmuckgärten mit blühenden Stauden, dem Obstgarten und dem Apothekergarten mit aromatischen Kräutern und Heilpflanzen ein Element dieser Veranstaltung. Heute dient die Spitalgartenanlage der Ruhe und Erholung inmitten unserer Kreisstadt.

Eine Oase in der Hektik des Alltags: der Spitalgarten

Die Roßschwemm

Bei der sogenannten Neumühle teilt sich der Regenfluss in zwei Flussarme. Die beiden Flussarme vereinigen sich westlich der Stadt wieder. So bildet sich eine natürliche Insel inmitten der Stadt: die sogenannte Insel „Bleiche“. Den Namen hat das Areal vom Wäschebleichen auf den Wiesenanlagen. Zwischen den beiden Regenarmen liegt die Roßschwemm.

Den Namen bekam dieser Flussabschnitt, als es in der Innenstadt noch landwirtschaftliche Anwesen gab. Die Bauern führten die Rösser zum Regenfluss hinunter, um die Tiere entweder zu tränken oder durch die Furt auf die Regenwiesen zu geleiten. Diese ist heute noch erkennbar auf Höhe der Treppenanlage auf der gegenüberliegenden Regenseite. Die Roßschwemm war eine Station der Gartenschau am Regenbogen, die die Stadt Cham im Jahr 2001 ausrichten durfte.

Der Flussabschnitt ist terrassiert. Die einzelnen Terrassen werden durch Granitblöcke gefasst. Diese erwärmen sich im Sonnenlicht. Abends und am Wochenende kann man sich auf die so erwärmten Granitsteine setzen, den Fluß von beiden Seiten auf sich wirken oder einfach die Seele baumeln lassen.

Ruhe und Erholung an der Roßschwemm, einer der Stationen der Gartenschau

Der Stadtpark an der Ludwigstraße

Nach den Stadtbränden 1873 und 1877 brauchten die Chamer Bürger zum Wiederaufbau Ziegel. Oberhalb der Ludwigstraße bis zum Sandtor befanden sich lehmige Böden. Der Chamer Josef Brunner lies ein Rollwagengleis vom Lehmvorkommen an der Ludwigstraße bis zum Steinmarkt verlegen. Nach der Ausbeute wurde das zerklüftete Gelände 1885 der Stadt Cham kostenlos zur Verfügung gestellt.

Die ehemalige Lehmgrube ist heute noch an den steilen Rändern zur Schleinkoferstraße erkennbar. 1885 stellte die Stadt das Grundstück „Lehmgrube", zwischen der heutigen Schleinkoferstraße und der Ludwigstraße dem Verschönerungsverein zur Verfügung, damit dort ein Stadtpark angelegt werde.

Am 16. Februar 1872 wurde in Cham vom damaligen Bezirksamtmann Robert Schmied und dem späteren Bürgermeister Nikolaus Brantl der Verschönerungsverein gegründet.
Zweck dieses Vereins war die Verschönerung der Stadt Cham und der näheren Umgebung.

Mit dem Bau der Eisenbahn kam um 1860 der Bahnbauingenieur Peter Kleemann nach Cham. Er erwarb sich große Verdienste um die Verschönerung des Bahnhofsviertels.
Auf seine Initiative hin wurden an der Bahnhofstraße, der Sonnenstraße, der Frühlingstraße und der Schützenstraße Bäume gepflanzt. Kleemann ließ auch den Meranweg anlegen.
1879 wurde Peter Kleemann Berater und Mitarbeiter dieses Vereins. 1886 begann der Verschönerungsverein mit der Anlage des Stadtparks an der Ludwigstraße. Den dort entstehenden Park nannten die Chamer liebevoll und zur Erinnerung an den Bahnbauingenieur „Kleemannsruh".

1903 entstand der Springbrunnen beim Kinderspielplatz. 1950 ergänzte die Stadt den Park durch den Ankauf der Eiberwiese, wo heute der Georgsbrunnen steht.
Der Stadtpark mit seinen Staudengärten und der blauen und roten Terrasse war Teil des Gesamtkonzepts der Gartenschau am Regenbogen.

Im Stadtpark an der Ludwigstraße

Eine blühende Stadt

Ob kommunale Plätze oder Anlagen vor öffentlichen Gebäuden, seit der Gartenschau im Jahre 2001 zeigt sich die Stadt in einem blühenden Gewand.

Sommerliche Anpflanzung im Fußgängerbereich beim ehemaligen Bürgerspital

Der Chamer Bauernmarkt am Marktplatz

Jeden Samstag Vormittag bieten die Bauern des Umlandes der Bevölkerung heimische Produkte aus der Region an.
Über ein Dutzend Versorger verkaufen dabei Gemüse, Käse, Honig, Brot, Fleisch, Fisch oder Eier. Viele Produkte stammen dabei aus ökologisch betriebener Landwirtschaft. Natürlich ist der Bauernmarkt auch ein Ort, wo man beim Einkauf auf Bekannte und Freunde trifft und nebenbei auch Informationen und Neuigkeiten ausgetauscht werden.

Kauf regionaler Produkte, Bekannte treffen und Neuigkeiten austauschen: der Bauernmarkt am Marktplatz

Der Stadtpark „Waldpark Cham“

Die Anhöhen um den Kalvarienberg und der Luitpoldhöhe, damals noch „Ochsenberg“ genannt, waren ursprünglich spärlich bewaldet. Eine Postkarte des Jahres 1906 zeigt spärlichen Baumbewuchs. Die Chamer mochten diesen Höhenzug, bot doch dieser eine schöne Aussicht auf das Regental und die Berge des Bayerischen Waldes.

Nachdem der Verschönerungsverein im Jahr 1886 den Stadtpark an der Ludwigstraße angelegt hatte, kaufte der Verein am Südosthang des Kalvarienbergs sowie an der Luitpoldhöhe Grundstücke auf, um eine Parkanlage anzulegen. 1893 besaß so der ehemalige Chamer Verein bereits Grundstücke für fünfeinhalb Tagwerk. Aber auch Bürger, wie der Benefiziat Otto Frauendorfer erwarben Grundstücke und vermachten diese dem Verein. Ziel war es, den Kalvarienberg und die Luitpoldhöhe mit einem Weg zu verbinden und eine Parkanlage bis zum Weinberg zu schaffen. 1905 wurde eine Felsengruppe angekauft und als Schillerfelsen eingeweiht.

Zwischen dem Stadtpark, Eingang Katzbergerstraße und dem Steinbruch Richtung Cham-West zum Weinberg hin, wurde 1933 ein Waldgrundstück, der Kriegerehrenhain, angelegt. Es wurden dort, zum Gedenken an die 152 Gefallenen des Ersten Weltkriegs, ebenso viele Eichen gepflanzt. Überragt wird der Hain von einer 16 Meter hohen Kreuzanlage.

Bei den Chamern ist dieser Ort recht beliebt, lädt hier doch ein Weg zum Spazierengehen ein. Von den Rastbänken hat man einen erholsamen Blick auf die Altstadt und die Regentalaue.

Heute umfasst die gesamte Parkanlage oberhalb der Stadt eine Fläche von über 68 Tagwerk.

Ausblick auf den Herbst und die Altstadt

Erholung trotz großer Sommerhitze

Übersicht über den Stadtpark „Waldpark Cham“

Der Luitpoldturm

Zum 80. Geburtstag des Prinzregenten Luitpold am 12. März 1901 wurde der Luitpoldturm erbaut. Der ursprünglich 15 Meter hohe Turm wurde am 20. Juli 1902 eingeweiht. Die Chamer schätzten den Turm, bot er doch einen fantastischen Blick ins Regen- und Chambtal und einen unvergleichbaren Ausblick auf die Berge des Bayerischen Waldes.

Zum 90. Geburtstag des Prinzregenten wurde 1911 eine Relieftafel am Aussichtsturm angebracht. Nachdem die Bäume des Stadtparks den ursprünglichen Turm überragten, wurde dieser 1975 um 10 Meter erhöht. Seitdem lässt sich der Blick auf Cham-Ost und die Berge des Bayerwaldes bis zum Osser und Arber wieder genießen.

Blick vom Luitpoldturm auf Cham-Ost

Cham als das Tor zum Bayerischen Wald

Cham nennt sich gern das „Tor zum Bayerischen Wald“. Zu recht, sind doch die ersten Berge des Bayerischen Waldes keine 15 Kilometer Luftlinie von der Stadt entfernt. Der Bezug der Stadt zum Bayerischen Wald kommt auch mit den Sagenfiguren und den Baumstämmen am Marktplatzbrunnen zur Geltung.

Die Aufnahme vom Luitpoldturm im Waldpark Stadt Cham zeigt am Horizont von links nach rechts den Hohen Bogen, den Osser, den Kaitersberg bis zum Großen Arber.
Die Berge eignen sich ideal von Frühling bis Herbst zum Wandern und im Winter zum schneesicheren Wintersport.

Blick auf die Berge des Bayerischen Waldes

Die Kalvarienbergkirche

Auf dem Kalvarienberg existierte eine kleine Holzkapelle aus dem Jahr 1818. Im Jahre 1853 planten Chamer Bürger diese beschädigte Kapelle durch einen Neubau aus Stein zu ersetzen.

Der damalige Stadtpfarrer der Stadtpfarrei St. Jakob stand diesem Ansinnen der Chamer Bürger nicht sehr positiv gegenüber: er brauchte Geldspenden zur Schuldentilgung. Kurz zuvor hat er die barocke Innenausstattung der Stadtpfarrkirche entfernen und die Einrichtungen durch neugotische Altäre ersetzen lassen.

Trotzdem konnte der Neubau 1886 verwirklicht werden. Die Glocke zum Turm der Kalvarienbergkirche stiftete die Stadt Cham in Form der Glocke vom Dachreiter des Rathausostbaus. Doch als die nächste Enttäuschung erwies sich das Bischöfliche Ordinariat. Dieses wollte keine Gottesdienste in der neu erbauten Kirche zulassen. Auch Bischof Ignatius von Senestrey weigerte sich, die Kirche zu weihen, brauchte er doch seinerseits Spendengelder zur Vollendung der Regensburger Domtürme. So zog sich die Weihe bis zum Jahr 1908 hin. Nach der Vollendung der Kirche traten weitere Schwierigkeiten hervor. Es stellte sich heraus, dass man die Kirche nicht allein lassen konnte. Es kam immer wieder zu Einbrüchen in die Kirche, wiederholt wurde der Opferstock geplündert und Kircheneinrichtungen zerstört.

So beschloss man die Einrichtung einer Einsiedelei. 1898 wurde das Eremitenhäuschen fertiggestellt.
Aufgabe des Eremiten war es, nicht nur die Kirche zu schützen, sondern auch die städtischen Anlagen zu bewachen.

Nachdem 1920 in dem Eremitenhaus ein Brand ausgebrochen war, setzte sich der damalige Vorsitzende des Verschönerungsvereins, Kaufmann Josef Valentin Heilingbrunner dafür ein, das Eremitenhaus abzureißen und durch den heute noch existierenden Bau zu ersetzen.

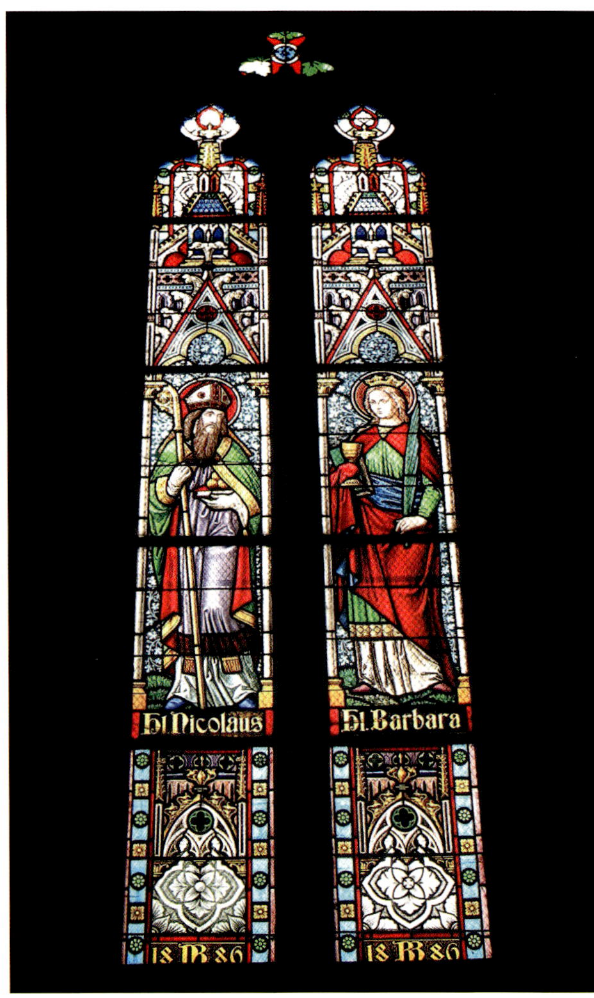

Glasfenster in der Kalvarienbergkirche

Das Volksfest

Die ersten Volksfeste in Cham fanden im Rahmen von landwirtschaftlichen Festen statt. Der Veranstaltungsort der noch unregelmäßig stattfindenden Volksfeste war meist die Bleich-Insel neben der Schießstätte. Zwischen 1850 und 1937 fanden so 12 Veranstaltungen statt.

Das erste Volksfest nach dem Krieg gab es 1949. Seit dieser Zeit werden die Volksfeste jährlich abgehalten. Veranstalter ist der Volksfestverein, der „Verein zur Förderung öffentlicher Veranstaltungen und kultureller Bestrebungen der Stadt Cham“ wie der offizielle Name des 1948 gegründeten Vereins lautet. 13 Bürger bestimmen dabei den Ablauf des Volks- und Frühlingsfestes der Stadt, wobei das Volksfest heute als das größte Fest des Bayerischen Waldes gilt. Das Volksfest dauert elf Tage und der zweite Volksfestsonntag ist immer der erste Sonntag im August. Dieser Termin wurde nicht von ungefähr gelegt: zu dieser Zeit war die Ernte bereits eingefahren, die Leute hatten Zeit zum Feiern.

Der erste Vorsitzende des Vereins, der ehemalige Reichstagsabgeordnete (1928-1933) und damalige Landtagsabgeordnete (1948-1956) Hans Eder hatte durch jahrelange Wetterbeobachtungen herausgefunden, dass Ende Juli bis zum ersten Augustwochenende der Mond im Aufnehmen, und diese Zeit immer mit einer Schönwetterperiode verbunden ist.

Das 4500 Mann-Zelt des Chamer Volksfestes

Das städtische Freibad

Das städtische Freibad bietet mit dem Wellenbecken, dem Wärmebecken im Pavillon, dem Sprungbecken am Sprungturm und dem Sportbecken auf einer Wasserfläche von insgesamt über 2000 m² Spaß und Erholung für die ganze Familie.
Es besteht zudem die Möglichkeit im nebenliegenden Regenfluss zu baden.
Abgerundet wird das Badeprogramm durch ein Kinderplanschbecken mit Brücke und Spielhügel, einen Kinderspielplatz und einen Wasserpilz.
Auf dem Areal findet man zudem zwei große Liegewiesen.

Im Chamer Freizeitbad

Das Freizeitgelände Quadfeldmühle

1998 wurde das Freizeitgelände Quadfeldmühle geschaffen. Neben dem Stadtpark an der Ludwigstraße und dem Waldpark um die Kalvarienbergkirche ist das Gelände die dritte Freizeiteinrichtung im Stadtgebiet. Angelegt wurde das Areal zur Erholung. Ob Spazierengehen oder Skaten, auch ein Kinderspielplatz mit einem stilisierten Storchennest wurde angelegt, grüßt doch das Storchennest vom Straubinger Turm herüber, zudem lassen sich auf dem Gelände vorzüglich Ballspiele austragen wie Fußball oder Basketball.

Das Freizeitgelände Quadfeldmühle war Zentralveranstaltungsort der Gartenschau am Regenbogen im Jahre 2001. Und auch heute, ob Cham Anlaufstation einer bayernweiten Radtour ist oder Konzerte veranstaltet werden, die Freifläche an dem Quadfeldmühlbach bietet sich als idealer Veranstaltungsort vor den Toren der Altstadt an.

Eines von drei Freizeiteinrichtungen im Stadtgebiet: das Freizeitgelände Quadfeldmühle

Erinnerung an die Gartenschau: der geomantische Garten

Der geomantische Garten

An die regionale Gartenschau des Jahres 2001, die „Gartenschau am Regenbogen“, welche die Stadt Cham ausrichten durfte, erinnern mehrere Stationen im Stadtgebiet. Am damaligen Zentralgelände, dem Freizeitgelände Quadfeldmühle, finden wir den geomantischen Garten.
Geomantik ist das Vermögen, aus Spuren in der Erde Deutungen vorzunehmen.

Der geomantische Garten stellt einen weiblichen Torso dar, dessen Elemente sich aus einem Trockenbachlauf, einer Mauer mit Granitsteinen, spiralförmig verlegten Flusskiesel und Findlingsstufen zum höherliegenden Gartenteil zusammensetzen.

Der geomantische Garten eignet sich ideal für Lehrgruppen für Exkursionen.

Erinnerung an das Bildhauersymposium der Gartenschau

Wasserfloß am Regenfluss

Der Bootwanderweg

Von Pulling bei Kötzting, an der Stadt Cham vorbei bis Regensburg, verläuft auf dem Regenfluss der Bootwanderweg. In fünf Tagesetappen kann man den Fluss, die Schönheit der Landschaft, aber auch die Kulturlandschaft des Landkreises Cham mit seinen Städten, Burgen und Kirchen erkunden. Anspruchsvolle Stellen im Fluss wie Felsen oder Wehre sind durch Beschilderungen gekennzeichnet und es werden den Bootsbesatzungen Umtragungshilfen angeboten. Am Ende einer jeden Tagesetappe wartet ein Grill- oder Zeltplatz, um den Abend am Fluss zu genießen. Aber auch rührige Pensionen oder Hotels sind bereit, die Bootsbesatzungen aufzunehmen. Natürlich braucht man den Regenfluss nicht in seiner Gesamtlänge mit dem Boot befahren, man kann Boote anmieten und sich einzelne Tagesetappen für die eigenen Bootsexkursionen aussuchen.

Vom Frühling bis zum Herbst bevölkern ganze Schwadronen an Kajakfahrern und Schlauchbooten den längsten Fluss des Bayerischen Waldes.

Bootwandern am Regenfluss

Erholung in der Regentalaue

Das ganze Jahr über, aber speziell vom Frühjahr bis Herbst lädt die Regentalaue zur Erholung und zum Freizeitangebot ein. Zudem liegt die Möglichkeit zur Erholung direkt vor den Toren der Altstadt. Ob Spazierengehen, Radfahren, Inline-Skaten, hier heraußen in der freien Natur lässt sich Entspannung pur genießen. Bitte achten Sie, dass im Wiesenbrüterlebensraum vom 20. März bis 20. Juni ein Betretungsverbot herrscht.

Wer's noch sportlicher mag, Segelflugsport wird in Cham seit 1930 und erneut nach dem Zweiten Weltkrieg seit 1951 betrieben.

Mit fünf Segelflugzeugen, einem Motorsegler und einem Motorflugzeug lassen sich herrliche Ausflugsflüge um die Stadt oder zum Bayerischen Wald unternehmen.

Radfahren und Inline-Skaten in der Regentalaue

Flugsportbetrieb am Rand der Altstadt

Die Regentalaue mit Rötelseeweiher

Die Regentalaue reicht im Osten fast an die Chamer Altstadt, umgeht die Ortsteile Michelsdorf und Untertraubenbach und reicht im Westen bis vor Wetterfeld und Pösing.

Dabei umfasst die Regentalaue im wesentlichen drei Bereiche: den Regenfluss, das Rötelseeweihergebiet mit dem Rötelseeweiher, dem Anger- und Lettenweiher – einer Teichanlage, die bereits im 16. Jahrhundert entstand – und das umgebende wechselfeuchte Gründland.

Das Naturschutzprojekt Regentalaue existiert seit 1989 und umfasst 1700 Hektar, wobei 200 Hektar durch den Landkreis Cham erworben wurden.
Dabei wird Wert gelegt auf die Extensivierung der Wiesennutzung, eine sinnvolle Lebensraumgestaltung für die Tierwelt sowie Besucherlenkungsmaßnahmen für die Freizeit-Aktivitäten.
Mit diesen Maßnahmen ist die Regentalaue eine Arche Noah für Vögel, Insekten und Amphibien geworden.

In den letzten Jahren wurden lebensraumverbessernde Maßnahmen wie Anlage von Tümpeln und Flachwassermulden geschaffen, und seitdem fühlen sich Kiebitz, Rebhuhn, Uferschnepfe, Fischadler, und Purpurreiher hier außerordentlich wohl.

Die Regentalaue zählt zu den national bedeutendsten Vogelbrut- und Vogelrastgebieten Bayerns, über 1000 verschiedene Tierarten, über 500 Pflanzenarten und 60% der bayerischen Amphibienarten und Libellenarten, wie Sumpfheuschrecke oder Gelbbauchunke sind hier anzutreffen.

256 verschiedene Vogelarten, davon 128 als Brutvögel, 128 als Gastvögel findet man hier. Neuerdings ist der Gesang des farbenprächtigen Pirols wieder um die Weiheranlagen bei Laichstätt zu hören.

Die Regentalaue ist ein Erholungsgebiet für uns Chamer. Das Betretungsverbot im Wiesenbrüterlebensraum vom 20. März bis 20. Juni ist aber streng zu beachten.

Am Rötelsee die Tierwelt am Abend genießen, im Hintergrund die Kreisstadt Cham

Das Einfallstor aus Richtung Süden: die Janahofer Straße

Die Firma ENSINGER GmbH

Als ein Repräsentant der kunststoffverarbeitenden Industriebetriebe der Stadt soll die Firma ENSINGER GmbH vorgestellt werden.

Die Firma ENSINGER GmbH mit dem Hauptsitz im schwäbischen Nufringen, zählt zu den weltweit führenden Verarbeitern von technischen Konstruktions- und Hochleistungskunststoffen. Seit 1980 ist der Betrieb in Cham ansässig und beschäftigt hier 320 Arbeitnehmer.

Neben Halbzeugen und Formteilen bietet das Unternehmen komplette Baugruppen und Präzisionsprofile aus thermoplastischen Kunststoffen an. Dabei werden schwerpunktmäßig der Maschinenbau, das Bauwesen, der chemische und medizinische Apparatebau, die Elektrotechnik, die Luft- und Raumfahrt und die Automobilindustrie mit Ensingerprodukten weltweit und dies auch aus dem Chamer Betrieb bedient.

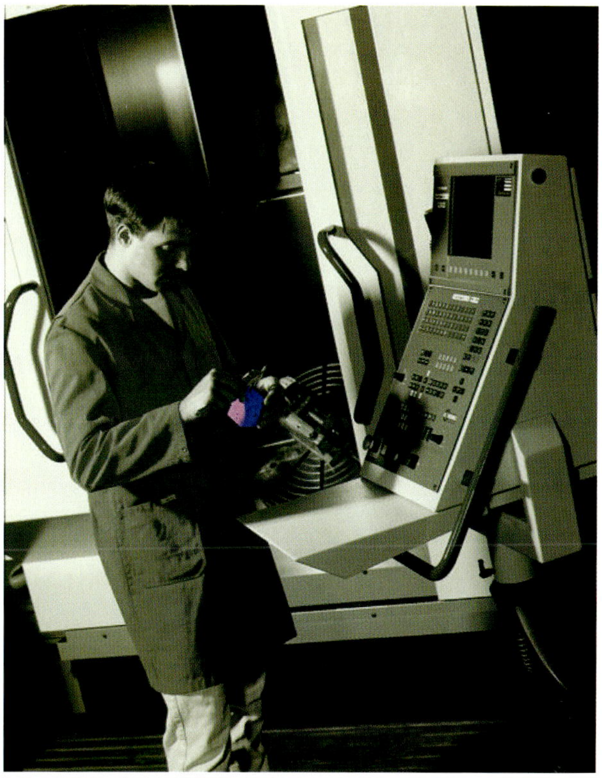

Produktion im Betrieb ENSINGER GmbH

Das Verwaltungsgebäude der Firma ENSINGER GmbH

Die Firma Siemens

Stellvertretend für die Betriebe auf dem Sektor Elektromechanik und Elektronik in der Stadt Cham wird die Firma Siemens vorgestellt.

Mit ihren ca. 800 Arbeitnehmern ist die Firma einer der größten Arbeitgeber im Stadtgebiet.

Im Betrieb Cham werden Niederspannungsschaltgeräte für den Weltmarkt gefertigt.

Im Wesentlichen sind dies Motorschutzschalter, Überlastrelais, Schütze sowie Last- und Sicherungslastschalter.

Die Firma Siemens, einer der größten Arbeitgeber im Stadtgebiet

Die Firmengruppe Rädlinger

Der Bereich Maschinenbau etabliert sich in unserer Stadt zunehmend. Stellvertretend soll hier die Firma Rädlinger vorgestellt werden. Die Firmengruppe Rädlinger mit ihren 1000 Arbeitnehmern ist eines der führenden Tiefbauunternehmen Deutschlands.
Doch an dieser Stelle soll ein namhaftes Standbein des Rädlinger-Konzerns vorgestellt werden: die Rädlinger Maschinen- und Anlagenbau GmbH.
Ob Rundwebstühle für Feuerwehrschläuche oder Baggerlöffel aus härtesten High-Tech Stählen, speziell nach Kundenwünschen hergestellt, das ist das Markenzeichen dieses Maschinenbaubetriebs.

Die Anfertigung und ...

... das fertige Produkt

Die Firma LEFIMA

Die 1861 gegründete Firma Leberecht Fischer, besser bekannt unter ihrer Marke LEFIMA Percussion, stellt Schlaginstrumente her, vom Kinder-Xylophon über Marschtrommeln für Spielmannszüge und Blaskapellen bis hin zu hochwertigen Orchesterinstrumenten wie Pauken und Konzerttrommeln.
Mit seinen rund 30 Mitarbeitern beliefert die Firma von Cham aus Orchester zwischen Los Angeles und Tokio, zwischen Palermo und Stockholm.
Im Jahre 2000 erhielt die Firma Lefima den Bayerischen Staatspreis in Gold für besondere Leistungen im Instrumentenbau, 2001 folgte eine Guinnessbuch-der-Rekorde-Urkunde für die bis heute leichtesten Marching Drums der Welt und seit 2004 zählt die Firma mit ihrer Anerkennung im Rahmen des Bayerischen Innovationspreises zur Innovationsspitze in Bayern.

Die Firma ALPHA Verteilertechnik GmbH

Für den Bereich der metallverarbeitenden Betriebe im Stadtgebiet soll mit der Firma ALPHA Verteilertechnik GmbH vorgestellt werden.
Seit vielen Jahren entwickelt und fertigt die Firma Alpha Verteilertechnik GmbH in Cham auf modernsten Anlagen Produkte und innovative Lösungen im Bereich der Verteilertechnik.

Dies sind Stahlblechverteiler für die Infrastruktur der elektrischen Energieverteilung bis zu einer Stromstärke von 6300 Ampere.

Das Produktspektrum umfasst die Bereiche Installations- und Energieverteiler sowie Zählerschränke.

Das Unternehmen bedient mit seinen Produkten den europäischen Markt. Die technische Einrichtung ist auf neuestem Stand der Technik und die Pulverbeschichtungsanlage zählt dabei zu den modernsten in Europa.

Das mittelständische Unternehmen beschäftigt derzeit ca. 160 Mitarbeiter.

Die Firma Alpha Verteilertechnik GmbH an der vierspurigen B 85

Teilsortiment der Firma LEFIMA

Die Goldsteig Käsereien Bayerwald GmbH

In der Stadt Cham hat ein renommierter Betrieb der Nahrungsmittelindustrie seinen Sitz: die Goldsteig Käsereien Bayerwald GmbH ist ein führendes milchwirtschaftliches Unternehmen mit insgesamt 550 Mitarbeitern. An drei Standorten im südostbayerischen Raum werden hochwertige Käsespezialitäten wie Mozzarella, Emmentaler, Schnittkäse, Rotschmierkäse, Camembert, Joghurt und Butter hergestellt.

Jährlich werden so 630 Millionen Kilogramm Milch zu hochwertigen Milchprodukten verarbeitet.

Verwaltungs- und Produktionsgebäude der Goldsteig Käsereien Bayerwald GmbH

Die Stadt Cham als Handelsstadt

Bereits im Mittelalter trat die Stadt als führende Handelsstadt hervor. Den Flair einer Einkaufsstadt, die Vielfalt der Geschäftswelt und das Vergnügen bei einem Einkaufsbummel lässt sich am besten in der Altstadt erleben.
Ob Nahrungsmittel, Bekleidung, Schuhe, Schmuck, Optik, Geschenkartikel, Parfümerie, Sportartikel, Zoofachgeschäfte, Fotofachgeschäfte, Apotheken sowie Ärzte verschiedenster Schwerpunkte und Dienstleistungen aller Art, die Altstadt bietet Kaufvergnügen pur.

Beispiele aus Handelsgeschäften in der Chamer Altstadt

Mehrmals im Jahr lockt die Innenstadt zum Einkauf, zur Besichtigung von Fahrzeugen und zu kulinarischen Köstlichkeiten

Das Pfarrer-Biendl-Haus

Das Gebäude geht zurück auf die Gotik und stammt im Kern aus dem 16. Jahrhundert. Im Erdgeschoß hat das Haus typische Elemente der Gotik: Sitznischen in einem einen Meter dicken Mauerwerk. Später wurde das Haus erweitert und 1694 das erste Obergeschoss aufgestockt sowie in der Folgezeit, im 18. Jahrhundert, mit einem Fachwerkgiebel nach Egerländer Vorbild versehen. In den Jahren 1983 bis 1985 wurde das Bauwerk aufwendig und mustergültig renoviert.
Im Inneren des Hauses findet man zwei Rauchkucheln, eine große Kaminanlage und eine gotische Kassettendecke.

1858 wurde in dem Haus der spätere Pfarrer Alois Biendl, einer der größten Heimatkundler geboren, der der Nachwelt das berühmte „Biendl-Archiv" hinterließ.

Das Pfarrer-Biendl-Haus mit seinem Fachwerkgiebel

Chammünster, die Urkirche des Bayerischen Waldes

Zur Baugeschichte

Die Gründung des Klosters Chammünster geht auf die Zeit um 739 zurück.
Die erste Kirchenanlage, karolingischen Ursprungs, dürfte bei den Ungarneinfällen zerstört worden sein. Die zweite Kirche, im romanischen Stil, entstand im 11. Jahrhundert und dürfte den Einfall des Böhmenkönigs Ottokar 1266 nicht überstanden haben. Von der dritten Kirche, im frühgotischem Stil erbaut, stammen der Nordturm, das Presbyterium und der Anfang des Chorbogens. Dieses Kirchenbauwerk ist wohl beim Hussiteneinfall schwer geschädigt worden. Der heutige Kirchenbau stammt aus der Zeit bis 1476 und ist spätgotisch gehalten.
Die gotische Kirche mit romanischen Bauteilen und barocker Ausstattung hat mit 46 Metern Länge, 21 Metern Breite und 13 Metern Höhe imposante Ausmaße.
Das nebenstehende Gebeinhaus wurde um 1200 erbaut und gilt als der größte Karner Süddeutschlands mit über 5000 Totenschädeln.

Gesamtansicht der Urkirche des Bayerwaldes

Südansicht der Kirche

Zur Innenausstattung

Die Kirche, die Stützpunkt für die Missionierung Böhmens und später Urpfarrei des Oberen Bayerischen Waldes war, enthält einen Taufstein aus romanischer Zeit, auf dem Christus und die 12 Apostel dargestellt sind. Ein weiterer Taufstein der Frühgotik aus dem 13. Jahrhundert ist mit Blendarkaden versehen. Ein Steinsitz an einer der vorderen Säulen lässt die Vermutung zu, dass hier in früher Zeit Recht gesprochen wurde. Eine Besonderheit bietet der Zugang zur Kanzel, dessen Aufgang durch eine Säule verläuft.
Das Kirchenschiff, der im Basilikabaustil ausgeführten Kirche, zeigt im Hochschiff ein spätgotisches Netzgewölbe. An der Wand des Langhauses findet man die Legende der drei Lebenden und drei Toten: „Was ihr seid, sind wir gewesen, was wir sind, werdet ihr sein“. Weiter ist im Langhaus das Allianzwappen der Rittergeschlechter der Chamerauer und Thürlinger zu sehen.
Ein Fenster im Südschiff überstand die Verwüstungen der Kalvinisten. Zwei musizierende Engelsköpfe wurden fälschlich für Luther und Melanchton gehalten. Auf der Empore rechts neben der Orgel findet man eine Schutzmantelmadonna, gestiftet von den Chamer Bäckern. Der Hochaltar, im Rokokostil gehalten, ist der zweiten Hälfte des 18. Jahrhunderts zuzurechnen. In und um die Kirche und in der St. Anna-Kapelle findet man über 130 Grabsteine von Priestern, Stiftern und Adeligen.

Der Tympanon

Das Fresko im Tympanon entstammt der Gotik und wurde wohl um 1470 erstellt, und zeigt den Tod Mariens im Kreis der 12 Apostel. Zugleich ist es eines der frühesten Brillendarstellungen.
Dabei verweist das Gemälde im Spitzbogen des Südportals, auf das Patrozinium, auf das Fest Mariä Himmelfahrt.

Tympanon über dem Südportal

Innenaufnahme des „Marienmünsters“

Der Nepomuk-Brunnen im Stadtteil Chammünster

Nachdem bereits in früherer Zeit an derselben Stelle im Ortsteil Chammünster ein Nepomuk-Brunnen sich befunden hat, ließ die Direktion für Ländliche Entwicklung Regensburg rechtzeitig zur 1250-Jahr-Feier im Jahr 1989 einen neuen Nepomuk-Brunnen aufstellen.

Die Brunnenanlage wurde geschaffen von dem Künstler Heinrich Glas aus Undorf und zeigt den Heiligen auf einer Brücke, der Karlsbrücke.
Das Wasser darunter, das die Moldau versinnbildlichen soll, wird aus einem verrohrten Bachwasser gespeist.

Der Nepomukbrunnen gegenüber der Urkirche

Der Ödenturm

Der Ödenturm war eine ehemalige Burganlage am Nordhang des Lambergs, aus dem 11./12. Jahrhundert, wie Keramikfunde (Töpfe, Eisenteile, darunter eine große romanische Schüssel) beweisen.
Es handelt sich dabei um eine spätromanische Burganlage aus der Zeit der Hohenstaufenkaiser (1150-1250).
Die Burganlage schützte zusammen mit der Reichsburg auf dem Galgenberg und der Burg Puchberg sowohl das Regen- als auch das Chambtal und auch die Heerstraße nach Böhmen.

Den Kern dieser Burganlage bildete ein gewaltiger Bergfried mit bis zu drei Metern starken Mauern. Der Turm zerbrach vermutlich wegen eines Blitzschlags, wobei seine Nord- und Westseite als Ruine stehen blieb. Der zur Hälfte erhaltene Turm misst 22 Meter.

Am Ödenturm

Das Burgareal stand auf einem nahezu ebenen Plateau von ovaler Form, mit den Ausmaßen 55 Meter in der Länge und 45 Meter in der Breite, und war umgeben von einem drei Meter hohen Wall.
Die Burg dürfte im Zuge kriegerischer Auseinandersetzungen in Brand gesteckt worden sein. Im Bereich des Burgtores stieß man auf eine starke Brandschicht und auf rot angeglühte Steine der Wehrmauer.
Man nimmt an, dass der Ödenturm nur 50-100 Jahre bewohnt war, und bereits im 13. Jahrhundert zerstört wurde.
Der heute noch sichtbare, dreigeschossige Turm weist auf eine Wehranlage des Hochmittelalters hin. Der Turm wurde dabei sowohl als Wehrturm, als auch als Verlies genutzt. Der Eingang befand sich im ersten Obergeschoss an der Nordseite, in sechs Metern Höhe und war nur über eine Leiter erreichbar.
Der Bergfried hat eine äußere Verblendung aus Buckelquadern. Angreifer mit Rammböcken hätten sonst bei glattem Mauerwerk eine bessere Angriffsfläche vorgefunden. Die Buckel erschweren auch das Hinaufschieben von Sturmleitern. Zudem sind sie Schutz gegen Verwitterung, da das Regenwasser außen an den Buckeln besser abtropft. Bei Restaurierungsarbeiten wurde ein Silberpfennig aus der Zeit 1185-1190 gefunden.

Der Stadtteil Katzberg

Seit 1947 gehört der Ortsteil zur Stadt Cham.
Die Kirche St. Ägidius, die als ehemalige Schlosskapelle mit ihrer Bauweise aus Quadern und Bruchsteinen ihren romanischen Ursprung erkennen lässt, bildet den Mittelpunkt des Ortsteils.

Kostbarkeiten im Inneren der Kirche sind die Orgel und die reich verzierte Kanzel.
In der Ortsmitte entstand ein Platz mit Pavillons, um den Ortskern aufzuwerten und die Kommunikation zu fördern.

Pavillons im Ortskern, im Hintergrund die Kirche St. Ägidius

Der Stadtteil Schachendorf

Wie alle Ortskerne der Stadtteile wurde im Jahr 2001 der Mittelpunkt des Stadtteils Schachendorf im Rahmen der Ortsplatzerneuerung einer Verschönerung unterzogen.

Am gepflasterten Platz entstand so eine Brunnenanlage, die symbolisch eine Sonnenuhr darstellt. Der Sonnenuhrbrunnen wurde von der Feuerwehr Schachendorf nach Plänen von Leo Altmann aus Niederrunding initiiert. Die Brunnenspitze wurde an den Kapellenturm angeglichen. Im Brunnenrand sind symbolisch die aufgehende Sonne, die Mittagssonne und die untergehende Sonne dargestellt. Am Brunnenrand außen befindet sich das Schachendorfer Schlosswappen einer ehemaligen Hofmark.

Das Ensemble neben der Kapelle, geweiht der Mutter Gottes, wird abgerundet durch Sitzgelegenheiten, einem Feldkreuz sowie Bäumen und Bepflanzungen.

Brunnenanlage und Kapelle im Ortsteil Schachendorf

Das Schloss Thierlstein

Auf einem Pfahlfelsen ruhend überblickt das Schloss Thierlstein heute die Bundesstraße B 85. Im Mittelalter dürfte die Schlossanlage den westlichen Teil der Handelsstraße Richtung Böhmen und die Regentalaue dominiert haben.
Der Bergfried und die Mauerzüge des Osttraktes zeigen, dass der Herrschaftsbesitz in die romanische Zeit, ins 12. Jahrhundert zurückreicht. In der Hochgotik wurde der große Torbau eingefügt. Der Dachstuhl des Palas entstammt der Zeit um 1520.

Das Schloß ruht auf dem Pfahlfelsen, der Fels durchbricht immer wieder die Wände und dringt dabei in Wohnräume vor.
Im Inneren der Schlossanlage befinden sich wertvolle Renaissancemalereien.
Das Schloss hat die Hussitenkriege, den 30-jährigen Krieg sowie den österreichischen Erbfolgekrieg überstanden. Nie wurde es zerstört, erobert, oder brannte gar ab. Das Schloss ist heute im Besitz der Familie der Freiherren von Schacky auf Schönfeld.

Thront ergaben auf einem Pfahlfelsen über dem Regental: Schloss Thierlstein

Der Stadtteil Untertraubenbach

Idyllisch umschließt die Regentalaue den Stadtteil Untertraubenbach. Der Chamer Vorort gehört seit 1972 zur Stadt Cham.
Dominiert wird der Ortsteil durch die Pfarrkirche St. Martin. Aufzeichnungen zur Folge existiert das Storchennest auf dem mit einem Treppengiebel versehenen Glockenturm seit dem Jahr 1900.

Der Storchenstandort ist der älteste, durchgehend besetzte Standort des Adebars im Landkreis Cham.

Die Kirche in Untertraubenbach, St. Martin, mit Storchennest und Meister Adebar

Der Stadtteil Vilzing

Die Ortsmitte des Stadtteils Vilzing wird geprägt von der Weiheranlage, die vom Grün des Angers eingerahmt wird. Über dem Ortsbild dominiert die Kirche St. Laurentius.

Gerade durch seine ländliche Prägung hat sich der Stadtteil seine Ursprünglichkeit bewahrt.
Der Ortsteil Vilzing wurde 1978 in die Stadt Cham eingegliedert.

Der Stadtteil Windischbergerdorf

Im Jahre 1996 wurde ein Veranstaltungsplatz für diesen Chamer Vorort geschaffen.

Das Herzstück der Anlage bildet ein Brunnen mit Pavillon. Der Brunnen wurde gestaltet von dem Eggenfeldener Bildhauer Joseph Michael Neustifter und zeigt ein tanzendes Trachtenpaar. Das Motiv wurde einer Szene aus dem Leben des Stadtteils entnommen.
Der Stadtteil Windischbergerdorf mit seiner Pfarrkirche St. Michael ist bekannt durch die zweite Klinik im Stadtgebiet, der Bayerwald-Klinik, die sich auf dem Gebiet der Kardiologie, der Gastroenterologie und Onkologie einen Namen gemacht hat.

Der Ortskern von Vilzing mit der Kirche St. Laurentius

Die Pfarrkirche St. Michael im Stadtteil Windischbergerdorf

Der Veranstaltungsplatz im Stadtteil Windischbergerdorf

Epilog

Dank sagen darf ich

- Herrn Timo Bullemer, Stadtarchivar, für Ratschläge zu Geschichtsdaten über unsere Stadt.
- Dem Fotostudio Baumann, Cham, insbesondere Herrn Frank Hübler und Frau Claudia Kurth, für die wertvollen Tipps zur Fotonachbearbeitung.
- Herrn Franz-Xaver Hebauer, Pfarrer i. R., bei der Mithilfe zum Thema „Chammünster".
- Herrn Matthias Meyer und Herrn Stefan Daubner, Firma regental medien GmbH, Cham, für die anspruchsvolle Layout-Gestaltung.

Fotos

- Die Fotos auf Seite 33 und 117 stammen von Herrn Alois Rossbach, Cham, wofür ich mich hiermit herzlich bedanke.
- Foto Seite 130: Fa. Siemens, Cham
- Foto Seite 133: Fa. LEFIMA, Cham
- Foto Seite 89: aus „Cham, die Stadt am Regenbogen", 2001, Verlag Attenkofer, Straubing, Autor Erich Piendl
- Sämtliche andere Fotos: Verfasser

Nachwort des Autors

Mit diesem Buch wollte ich das Bild einer Stadt zeigen, einer Stadt mit ihren Plätzen, Brunnen und Denkmälern. Dabei weisen die Bürgerhäuser und Kirchen unserer Stadt auf eine reichhaltige Vergangenheit und sind Zeugen einer über 1250-jährigen Stadtgeschichte.
Auch die ehemalige Stadtbefestigung gibt den Blick in die Geschichte unserer liebgewonnenen Stadt am Regenbogen frei.
Mit der Darstellung der Kultur wollte ich den Beweis führen, wie vielfältig Kunst, Kultur und Bildung in unserer Stadt und in unserem Landkreis ausgeprägt sind.
Ein Ort lebt aber nicht nur von Geschichte und Denkmälern. Ein ausgeprägtes Freizeitangebot, eingebettet in eine intakte Natur und in eine unverwechselbare Landschaft geben den hier lebenden Menschen das typische Heimatgefühl.
Je ein Betrieb für die Darstellung der schwerpunktmäßig ansässigen Industrie und des Handels sollte dokumentieren, dass sowohl harte als auch weiche Standortfaktoren für ein erfolgreiches Wirken unerlässlich sind.
Mit der Darstellung der Stadtteile wollte ich verdeutlichen, dass auch die Ortsteile enorm an Wohnqualität gewonnen haben.

Quellenangaben

- Brunner Johann, Geschichte der Stadt Cahm, 1919
- Bullemer Timo, Die hiesigen Juden sind in Cham alteingesessen, Cham 2003
- Höpfl Josef, als Entdecker der Urkunde über die zeitlich früheste Verlagerung der Stadt Cham an den jetzigen Ort
- Lukas Joseph, Geschichte der Stadt und Pfarrei Cham, 1862
- Straßer Willi, Streifzug durch das alte Cham, Cham 1983

Der Autor

Erich Piendl
Jahrgang 1959
Verheiratet, zwei Kinder
Aufgewachsen in der Stadt Cham
1978 Abitur am Joseph-von-Fraunhofer-Gymnasium
Beschäftigt als Dipl. Fin. Wirt (FH) am Finanzamt Cham

Autor von mehreren Veröffentlichungen zur Stadtgeschichte